Langenscheidt Musterbriefe

Chère Nicole...
Cher Monsieur...

Französische Briefe
mit deutscher Übersetzung

Neubearbeitung
von Michel Mercier

Langenscheidt

Berlin·München·Wien·Zürich·New York

Herausgegeben von der Langenscheidt-Redaktion

© 2000 Langenscheidt KG, Berlin und München
Druck: Druckhaus Langenscheidt, Berlin-Schöneberg
Printed in Germany   ISBN 3-468-41953-8
www.langenscheidt.de

3. 4. 5. 6. 7. * 07 06 05 04 03

VORWORT

Im modernen Kommunikationszeitalter hat der Brief auch dank Fax und E-Mail neben dem Telefon durchaus seinen Platz behauptet, denn nicht immer ist das Telefon das geeignete Medium für einen Informationsaustausch. Vor allem wenn die Fremdsprachenkenntnisse nicht ganz ausreichen, um am Telefon fließend zu sprechen, bietet das Briefeschreiben die Möglichkeit, sich die richtige Formulierung zu überlegen und hier und da nachzuschlagen.

Mit diesem Band wollen wir Ihnen bei der Formulierung von französischen Briefen helfen, wobei in erster Linie Muster von Briefen privaten Inhalts behandelt werden. Daneben werden aber auch Beispiele für den Briefwechsel mit Hotels, Firmen, Institutionen usw. vorgestellt. Wenn Sie Hilfe bei der Formulierung französischer Geschäftsbriefe suchen, empfehlen wir Ihnen aus unserem Programm *100 Briefe Französisch für Export und Import* oder das umfangreiche Nachschlagewerk *Geschäftsbriefe Französisch*.

In der Einführung (S. 11–20) erfahren Sie alles Wissenswerte über die Form des französischen Briefes sowie Konventionen für die Anrede und Grußwendung. Auch die Schreibung des Datums, der Adresse usw. werden in der Einführung behandelt.

Den Musterbrief bzw. die Musterbriefe zum jeweiligen Anlass finden Sie am schnellsten über das alphabetische Sachregister am Schluss des Buches. Auf die Anschrift und die Unterschrift haben wir bei den Musterbriefen im Allgemeinen verzichtet. Im Abschnitt „Kurzmitteilungen" werden Beispiele für Postkartentexte, Weihnachts- und Geburtstagsgrüße u. Ä. aufgeführt.

Da der vorliegende Band natürlich nur eine bestimmte Auswahl an Themen und Formulierungen beinhalten kann, empfehlen wir Ihnen, beim Briefeschreiben ein Wörterbuch, wie z. B. *Langenscheidts Taschenwörterbuch* oder *Langenscheidts Handwörterbuch*, zu Hilfe zu nehmen.

Wir wünschen Ihnen gutes Gelingen beim Schreiben!

LANGENSCHEIDT

Langenscheidts Briefe gibt es in Englisch, Französisch, Italienisch und Spanisch, jeweils mit deutscher Übersetzung.

ÜBERSICHT

INHALTSVERZEICHNIS

A Einführung

B Musterbriefe

I. Briefe privaten Inhalts

II. Briefe geschäftlichen Inhalts

III. Briefe an Behörden

C Kurzmitteilungen

D Häufig gebrauchte Wendungen

E Anhang

F Register

A EINFÜHRUNG

Aufmachung des französischen Privatbriefes

Es gibt keine allgemein gültigen Regeln für die Auswahl von Papier und Schreibwerkzeug. Der gute Ton will, dass man Papier in grellen Farben und Umschläge mit mehrfarbigem Futter vermeidet. Den besten Eindruck macht ein gut leserlich auf weißes oder helles Papier geschriebener Brief in einem passenden Umschlag mit oder ohne Futter.

Briefe an Geschäftsleute oder an Behörden sollten mit der Maschine geschrieben werden; dagegen wäre es unhöflich, sich bei Briefen an ferner stehende Privatpersonen der Schreibmaschine zu bedienen. Die Maschinenschrift ist jedoch bei Briefen an Verwandte oder gute Freunde zulässig, vielleicht unter Vorausschickung einer Entschuldigungsformel.

Bei förmlich gehaltenen Schreiben wird der Briefbogen nur einseitig beschrieben. Umfasst ein Brief mehrere Blätter, so ist eine Nummerierung in der rechten oberen Ecke angebracht.

Im Aufbau ist der französische Brief dem deutschen ähnlich:

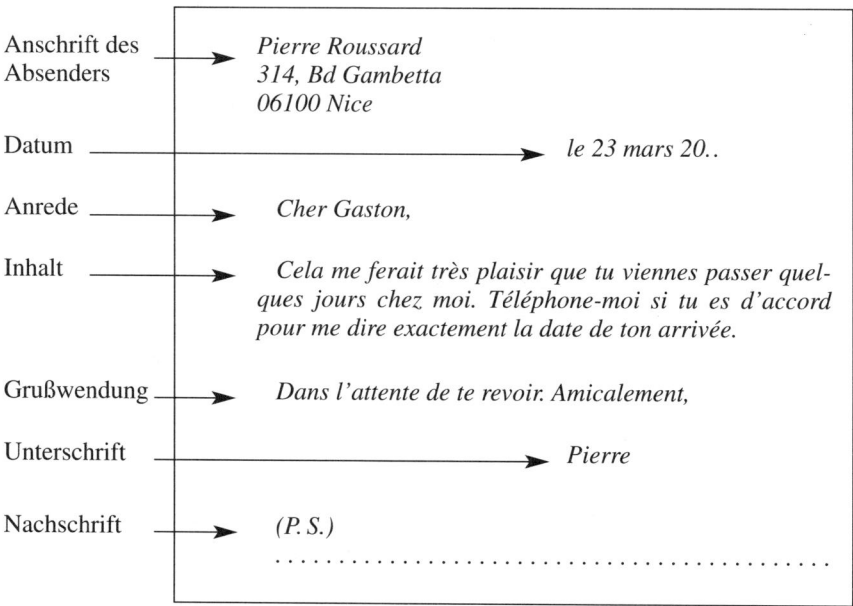

Im Gegensatz zu Geschäftsbriefen ist es bei Privatbriefen nicht üblich, die Anschrift des Empfängers an den Anfang oder das Ende des Briefes zu setzen.

Anschrift des Empfängers

Die Anschrift des Empfängers enthält bei Inlandsbriefen: Namen – Straße und Hausnummer (Stockwerk usw.) – Postleitzahl – Ort. Bei Auslandsbriefen kommt noch das Bestimmungsland hinzu. Die Anschrift steht in der unteren Hälfte des Umschlags auf der rechten Seite.

Inlandsbrief

(Privatadresse)

Madame et Monsieur Jardin
10, rue des Glycines
34600 Bédarieux

Inlandsbrief

(Geschäftsadresse)

Monsieur André Dutoit
Vice-Président
Société Internationale ALTEX
12, place de la Liberté
55000 Bar-le-Duc

Auslandsbrief

Madame Eliette Joly
20, rue du Dr Guérin
F-37000 Tours

FRANCE

Weitere Beispiele:

1. an einen Herrn:

   Monsieur Paul Durand
   16, avenue Carnot
   F-30100 Alès

2. an dessen Frau:

   Madame Paul Durand
   16, avenue Carnot
   F-30100 Alès

3. an beide zusammen:

   Monsieur et Madame Durand
   höflicher:
   Madame et Monsieur Durand
   16, avenue Carnot
   F-30100 Alès

4. an eine Dame:

   Madame Denise Ferrard
   5, avenue Napoléon
   F-20200 Bastia

5. an ein junges Mädchen:

   Mademoiselle Jeanne Dubois
   11, rue du Pont Neuf
   F-34200 Sète

6. an einen Herrn, postlagernd:

   Monsieur Albert Schneider
   Poste restante
   F-21000 Dijon

7. an denselben Herrn, in einem Hotel:

   Monsieur Albert Schneider
   Hôtel Central
   Place Grangier
   F-21000 Dijon

8. an denselben Herrn, bei (per Adresse) Herrn René Lefebvre:

   Monsieur Albert Schneider
   c/o Monsieur René Lefebvre
   höflicher:
   aux bons soins
   *   de Monsieur René Lefebvre*
   26, avenue Victor Hugo
   F-21000 Dijon

9. an einen Zeitungsdirektor, dessen Namen man nicht kennt:

   Monsieur le Directeur du journal
   «Le Monde»
   1, place Hubert-Beuve-Mery
   F-94852 Ivry-sur-Seine Cédex

10. an einen Bürgermeister, dessen Namen man nicht kennt:

    Monsieur le maire
    de la commune de Soulangis
    F-18220 Les Aix d'Angillon

11. an einen Arzt:
    Monsieur le Dr Charles Lemoine
    30, bd du Président Wilson
    F-33200 Bordeaux

12. an einen Rechtsanwalt:
    Me Jules Duval, avocat
    11bis, rue Berthois
    F-62100 Calais

Man beachte Folgendes:

1. *Monsieur, Madame, Mademoiselle* müssen bei der Anschrift wie bei der Anrede stets ausgeschrieben werden. Es gilt als unhöflich, Abkürzungen wie *M., Mme, Mlle* zu gebrauchen.

Dagegen wird das Wort *maître,* mit dem man Rechtsanwälte und Notare anredet, auf dem Umschlag abgekürzt geschrieben und zwar *M^e* (s. Anschrift 12), ebenso das Wort *docteur,* sofern es sich um einen Arzt handelt (s. Anschrift 11, s. 9e unten).

2. Der Name wird unmittelbar anschließend an das Wort *Monsieur, Madame* oder *Mademoiselle* geschrieben, d. h. auf derselben Zeile, und nicht, wie im Deutschen, eine Zeile tiefer.

3. Hausnummer und Straße werden stets vor dem Bestimmungsort angegeben. Die Hausnummer steht vor dem Namen der Straße und wird gewöhnlich von dem Straßennamen durch ein Komma getrennt. Im Straßennamen wird das Grundwort: *rue, boulevard, avenue, place, marché* gewöhnlich mit kleinen Anfangsbuchstaben geschrieben, das Bestimmungswort dagegen immer groß, z. B. *19, rue Montmartre.* Der Bestimmungsort wird unter der Straße angegeben und nicht unterstrichen.

4. Vor dem Bestimmungsort wird der Verwaltungsbezirk in Form der amtlichen Postleitzahl angegeben.

5. Bei Briefen nach Paris, Lyon und Marseille gibt man zwecks schnellerer Zustellung den Stadtbezirk *(arrondissement)* nach dem Bestimmungsort in Zahlen an oder dieser wird aus den letzten Ziffern der Postleitzahl ersichtlich.

6. Bei Briefen, die man ins Ausland sendet, wird das Bestimmungsland durch den entsprechenden Großbuchstaben vor der Postleitzahl angegeben. Zusätzlich kann es in Großbuchstaben unter der Anschrift wiederholt werden.

7. Bei Briefen an verheiratete Frauen gibt man manchmal noch auf dem Umschlag nicht den Vornamen der Frau selbst, sondern den des Mannes an (s. Anschrift 2).

8. Das deutsche «Familie Meyer» übersetzt man mit:

Monsieur et Madame Meyer (s. Anschrift 3).

Hat die Familie Kinder und will man diese erwähnen, so schreibt man:

Monsieur et Madame Meyer et leur fils (= und Sohn).

Monsieur et Madame Meyer et leur fille (= und [Fräulein] Tochter).

Monsieur et Madame Meyer et leurs enfants (= und Kinder).

Bei Briefen an zwei unverheiratete Schwestern schreibt man:

Mesdemoiselles (Marthe et Jeanne) Meyer.

9. Titel werden in Frankreich nur in seltenen Fällen angegeben, und zwar hauptsächlich:
a) wenn man den Namen oder die Privatadresse des Empfängers nicht kennt (s. Anschrift 9 und 10);

b) bei Militärpersonen wird der Dienstgrad angegeben;

c) wenn es sich um Adelstitel handelt (Barone, Grafen usw.);

d) bei Rechtsanwälten;

e) in den unter «Anreden» auf Seite 16 angegebenen Fällen.

Titel wie *ingénieur, docteur en droit* werden nie angegeben. Der Titel *docteur* wird nur dann angewendet, wenn es sich um einen *docteur en médecine* (d. h. um einen Arzt = Dr. med.) handelt (s. Anschrift 11).

Wo man im Deutschen

> Herrn Prof. Dr. [phil.] J. Martin

schreibt, lautet die französische Anschrift nur

> *Monsieur J. Martin*

mit Angabe der Privatadresse.

Kennt man diese nicht, so kann man das Wort *professeur* und die Arbeitsstätte angeben, z. B.:

> *Monsieur J. Martin*
> *professeur à l'université de Grenoble*

oder gegebenenfalls:

> *recteur de l'université de …*

Mit Ausnahme der Adelstitel geht der Titel des Mannes nicht auf die Frau über. So schreibt man: *Madame la Directrice* nur dann, wenn die betreffende Dame selbst Direktorin, z. B. einer Schule, nicht aber weil sie Gattin eines Direktors ist.

Datum

Ausgeschrieben:
Paris, le 1er juillet 20..
Paris, le 14 juillet 20..
(le kann weggelassen werden).

oder auch:
mardi 15 août 20..
samedi 1er janvier 20..

Abgekürzt:
Paris, 1 - 3 - 20.. oder *1/3/20..* (nicht, wie oft im Deutschen, 1. III. 20..).

Man beachte, dass im Gegensatz zum Deutschen kein Punkt hinter den Monatstag gesetzt wird.

Nur der erste Tag des Monats wird durch die Ordnungszahl angegeben *(le premier)* und abgekürzt *1er* geschrieben. Zur Bezeichnung aller anderen Tage dienen die Grundzahlen (z. B. den fünften Mai = *le cinq mai / le 5 mai*).

Die Monatsnamen lauten: *janvier* (Januar), *février* (Februar), *mars* (März), *avril* (April), *mai* (Mai), *juin* (Juni), *juillet* (Juli), *août* (August), *septembre* (September), *octobre* (Oktober), *novembre* (November), *décembre* (Dezember).

Die Wochentage lauten: *lundi* (Montag), *mardi* (Dienstag), *mercredi* (Mittwoch), *jeudi* (Donnerstag), *vendredi* (Freitag), *samedi* (Sonnabend), *dimanche* (Sonntag).

Anreden

1. Verwandte und Bekannte

Mon cher père,	Mein lieber Vater,
Cher papa,	Lieber Papa,
Ma chère mère,	Meine liebe Mutter,
Chère maman,	Liebe Mama,
Chers parents,	Liebe Eltern,
Chers grands-parents,	Liebe Großeltern,
Mon cher fils,	Mein lieber Sohn,
Ma chère fille,	Meine liebe Tochter,
Mes chers enfants,	Meine lieben Kinder,
Cher frère,	Lieber Bruder,
Chère sœur,	Liebe Schwester,
Cher oncle,	Lieber Onkel,
Chère tante,	Liebe Tante,
Cher cousin,	Lieber Vetter,
Chère cousine,	Liebe Kusine,
Cher Louis,	Lieber Louis,
Chère Jeanne,	Liebe Jeanne,
Cher ami, *	Lieber Freund,
Chère amie,	Liebe Freundin,
Chers amis,	Liebe Freunde,
(Mon) cher collègue, **	(Mein) lieber Kollege,
Chère Mademoiselle,	Liebes Fräulein,
Chère Madame,	Liebe Frau X,
Cher Monsieur,	Lieber Herr X,
(Cher) Docteur,	Lieber Herr Doktor,

2. Fernerstehende

Monsieur,	Sehr geehrter Herr X,
Madame,	Sehr geehrte Frau X,
Mademoiselle,	Sehr geehrtes Fräulein X,
Mesdames, Messieurs,	Sehr geehrte Damen und Herren,
oder im Singular:	
Madame, Monsieur,	

Bei der Anrede im Brief werden Titel und Rang oder Beruf noch seltener angegeben als bei der Adresse.

---

* Der Name darf im Französischen nur bei guten Freunden angegeben werden *(Cher Monsieur Durand;* noch vertrauter: *Mon cher Durand).*
** Statt *collègue* oft *confrère* (= Fachkollege), so z. B. unter Ärzten, Rechtsanwälten.

Mit Ausnahme unten aufgeführter Sonderfälle werden Herren und Damen nur mit *Monsieur* bzw. *Madame* oder *Mademoiselle* angeredet. Rechtsanwälte und Notare werden mit *Maître* angeredet (s. Anschrift 12, Seite 13).

Ausnahmefälle:

Folgende Titel werden bei Briefen an Fernerstehende stets angegeben:

Monsieur le Président,	*Monsieur l'Abbé,*
Monsieur le Ministre,	*Monsieur le Curé,*
Monsieur le Sénateur,	*Monsieur le Vicaire,*
Monsieur le Député,	*Monsieur le Baron,*
Monsieur le Préfet,	*Monsieur le Comte,*
Monsieur le Sous-Préfet,	*Monsieur le Marquis,*
Monsieur l'Ambassadeur,	*Monsieur le Duc,*
Monsieur le Consul,	*Prince,*
Monsieur le Maire,	*Sire,* (= Majestät)

(Kardinäle und Bischöfe werden mit *Monseigneur* angeredet.)

Dagegen werden adlige Damen nur mit *Madame* angeredet.

Von Arbeitnehmern an ihren Direktor oder von Stellungsuchenden an den Direktor der Firma, bei der sie sich bewerben:

Monsieur le Directeur (général), = Sehr geehrter Herr (General-)Direktor,

Auch bei Briefen an Behörden schreibt man in Anrede und Anschrift *Monsieur le Directeur, Monsieur l'Inspecteur* usw.

Bei Briefen an den Rektor oder den Dekan einer Universität lautet die Anrede:

Monsieur le Recteur, Monsieur le Doyen, …

Offiziere werden von ausländischen Zivilpersonen am besten nur mit *Monsieur* angeredet.

Briefschlüsse

1. An Verwandte

En attendant le plaisir de te revoir	Indem ich mich darauf freue [das Vergnügen erwarte], dich wieder zu sehen, …
En attendant le plaisir de recevoir de tes nouvelles	Indem ich mich darauf freue, Nachricht von dir zu erhalten,
… je t'embrasse bien affectueusement.	… küsse ich dich sehr herzlich [liebevoll].

---

* Die wörtliche Übersetzung steht jeweils in eckigen Klammern.

2. An gute Freunde*

Reçois, cher ami, mes meilleurs souvenirs.	Beste Grüße [Empfange, lieber Freund, meine besten Erinnerungen].
Croyez, cher ami, à mes sentiments distingués.	Mit vorzüglicher Hochachtung [Glauben Sie, lieber Freund, an meine besten Gefühle].
… et rappelez-moi au bon souvenir de Madame X (Familienname).	… und empfehlen Sie mich Ihrer Frau Gemahlin [rufen Sie mich in die gute Erinnerung Ihrer Frau Gemahlin zurück].

3. An Bekannte

Bien à vous			Stets Ihr …
Bien cordialement			In herzlicher Freundschaft [Recht herzlich] Ihr …
zuweilen auch:			
Cordialement vôtre	an gute		
	Bekannte		
Amicalement			Mit herzlichem Gruß
Bien amicalement			Mit herzlichen Grüßen
Amitiés			

Recevez, cher Monsieur, mes meilleures amitiés	Mit herzlichen Grüßen [Empfangen Sie, *werter (lieber)* Herr X, meine besten Grüße].
Veuillez agréer, cher Monsieur, l'expression de ma respectueuse (oder: *cordiale) sympathie* (oder: *de mon entier dévouement*).	Ihr (sehr) ergebener [Bitte genehmigen Sie, sehr geehrter Herr X, den Ausdruck meiner *(herzlichen) Sympathie (meiner völligen Ergebenheit)]*.

4. An Fernerstehende

Veuillez agréer, Monsieur, mes meilleures salutations.	Mit den besten Grüßen
Veuillez agréer, Monsieur, mes respectueuses salutations.	Hochachtungsvoll

5. Von Herren an Damen

Veuillez croire, Madame, à mon respectueux dévouement.	Ihr sehr ergebener
Veuillez agréer, Madame, l'expression de tout mon (oder: *de mon profond) respect,*	Ihr *sehr (stets)* ergebener [Mit dem Ausdruck *meiner aufrichtigen (tiefsten)* Ergebenheit],
Veuillez agréer, Madame, mes très respectueux hommages.	Mit vorzüglicher Hochachtung [respektvollster Ehrerbietung].

---

* Man kann bei guten Freunden den Familiennamen oder den Vornamen statt des Wortes *ami* angeben.

18

6. An hohe Persönlichkeiten

Je vous prie d'agréer, Monsieur (Madame) l'Ambassadeur, l'expression de ma très haute considération.

Veuillez agréer, Monsieur (Madame) le Ministre, l'expression de mon respectueux dévouement.

Mit dem Ausdruck meiner vorzüglichen Hochachtung (höchsten Wertschätzung).

[Haben Sie die Güte, Herr Minister (Frau Ministerin), den Ausdruck meiner respektvollen Ergebenheit zu genehmigen.]

Anschrift des Absenders

Die Anschrift des Absenders enthält, oft bereits aufgedruckt, bei Geschäftsbriefen untereinander angeordnet, folgende Elemente: Name, Straße und Hausnummer, Postleitzahl und Ort. Bei Privatbriefen schreibt man alle Elemente des Absenders, wie im Deutschen, in einer Reihe auf die Klappe des Umschlags oder aber auch auf die Vorderseite des Umschlags links oben.

Grüße von Dritten

(Grüße an Dritte s. Seite 106)

Onkel an Nichte oder Neffen

Ta tante se joint à moi pour t'embrasser bien affectueusement.

Innige Grüße und Küsse von uns beiden. [Deine Tante schließt sich mir an, um dich recht herzlich zu umarmen].

Eine verheiratete Dame an ihre Freundin oder gute Bekannte

Mon mari t'(vous)envoie ses hommages auxquels je joins mes meilleures amitiés.

Mein Mann entbietet dir (Ihnen) seine Verehrung, der ich meine freundschaftlichsten Grüße anschließe.

Ein verheirateter Mann an einen Freund

Ma femme envoie à Madame X (Familienname des Freundes) son meilleur souvenir (que vous partagerez avec elle). J'y joins mes respectueux hommages.

Les enfants vous envoient leurs meilleurs baisers.

Bien des choses de la part de Paul.

M. N. m'a chargé de vous transmettre ses meilleurs compliments,
oder: *de le rappeler à votre bon souvenir,* oder: *de vous dire bien des choses de sa part.*

Meine Frau übermittelt Frau X ihre besten Grüße (die Sie mit ihr teilen wollen). [werden]. Ich verbinde damit den Ausdruck meiner respektvollen Verehrung.

Die Kinder schicken euch viele [die besten] Küsse.

Viele liebe Grüße von Paul.

Herr N. hat mir viele Grüße an Sie aufgetragen [hat mich beauftragt, Ihnen seine besten Empfehlungen zu übermitteln, oder: Ihnen viele liebe Grüße von ihm zu bestellen].

E-Mail

Seit einiger Zeit kommt es immer häufiger vor, dass E-Mails geschickt werden. In der Regel können dieselben Formulierungen wie für Briefe oder Fax verwendet werden mit dem Unterschied, dass oft Anrede und Schlussformel ganz entfallen oder stark reduziert werden. Das E-Mail ist eine unkonventionelle Art und Weise mit Leuten in Kontakt zu treten, die man oft nicht oder nicht gut kennt. Die Regeln der Orthographie und der Grammatik werden oft vernachlässigt. Oft werden Piktogramme wie Zeichen der Zufriedenheit und Unzufriedenheit benutzt. Das „tu" ist fast immer die Regel, das „vous" dagegen sehr selten. Das E-Mail ist für praktische Mitteilungen (Termine) ideal. E-Mail Beispiele werden bei den einzelnen Briefanlässen angegeben. Vergleichen Sie auch die E-Mail Kurzmitteilungen auf S. 94.

Postalische Vermerke und Ausdrücke

Absender	*Expéditeur*
per Adresse, bei	*c/o*
Annahme verweigert	*Envoi refusé*
Anschrift unleserlich	*Adresse illisible*
Bitte nachsenden	*Faire suivre s.v.p.*
Dringend, Eilt	*Urgent*
Drucksache	*Imprimés*
(per) Eilboten	*Exprès*
Einschreiben	*Recommandé*
Einschreiben mit Empfangsbestätigung	*Recommandé avec accusé de réception*
Einschreibebrief	*Lettre recommandée*
Empfänger unbekannt	*Destinataire inconnu*
Falls unzustellbar, bitte zurück an Absender	*En cas de non-distribution retour à l'expéditeur*
(per) Fax	*(par) Fax*
Gegen Nachnahme	*Contre remboursement*
Geschäftspapiere	*Papiers d'affaires*
Internationaler Antwortschein	*Coupon-réponse international*
Luftpost	*Par avion*
Muster ohne Wert	*Echantillon sans valeur*
Persönlich	*Personnel(le)*
(Eigenhändig)	*(A remettre en mains propres)*
Porto	*Port*
Portofrei	*Franc (Franche) de port*
Postamt	*(Bureau de) Poste*
Postanweisung	*Mandat-poste*
Postfach	*Boîte postale*
Postlagernd	*Poste restante*
Postleitzahl	*Numéro de code postal*
Vertraulich	*Confidentiel*
Wertbrief	*Lettre chargée*
Zurück an Absender	*Retour à l'expéditeur*

B MUSTERBRIEFE

I. Briefe privaten Inhalts

1. Mitteilung einer Geburt

Cher Paul,

Nous sommes très heureux de t'annoncer la naissance de notre fils Robert. Il est né le 15 mars et tu imagines un peu le bouleversement familial depuis son arrivée à la maison, ce qui explique cette lettre un peu tardive.

Nous espérons bientôt ta visite, tu feras ainsi connaissance avec le plus beau bébé du monde.

Nous t'envoyons toutes nos amitiés et un sourire de Robert.

Lieber Paul,

wir sind hocherfreut, dir die Geburt unseres Sohnes Robert anzeigen zu können. Er ist am 15. März geboren. Du kannst dir vorstellen, dass seine Ankunft das Familienleben umgekrempelt hat. Das erklärt diesen etwas verspäteten Brief.

Wir hoffen, dass du uns bald besuchst. Dann wirst du das schönste Baby der Welt kennen lernen.

Herzliche Grüße und ein Lächeln von Robert.

2. Mitteilung einer Taufe

Chère Catherine,

Samedi prochain c'est la fête. Où ça? A l'église Notre-Dame. Pourquoi? C'est le baptême de notre fille Sandrine. Nous serions heureux que tu sois des nôtres avec Pierre et les enfants. A l'issue de la cérémonie, nous nous retrouvons chez nous autour d'un buffet chaleureux. Bien entendu, nous vous attendons à 13 heures sur le parvis de l'église.

A bientôt donc?

Liebe Catherine,

nächsten Samstag findet ein großes Fest statt. Wo? In der Kirche Notre-Dame. Warum? Unsere Tochter Sandrine wird getauft. Wir würden uns sehr freuen, wenn du mit Pierre und den Kindern dabei wärst. Nach der kirchlichen Feier treffen wir uns bei uns zu einem gemütlichen Imbiss. Wir erwarten euch um eins vor der Kirche.

Also bis bald?

3. Mitteilung einer Verlobung

Mon cher André,

J'ai la grande joie de t'annoncer mes fiançailles avec Marion Bonnot. Elles auront lieu dans quinze jours à Paris (sans doute ne t'attendais-tu pas à cette nouvelle). Si tu pouvais venir pour la circonstance, tu me ferais un très grand plaisir et cela te permettrait de retrouver à Paris une ambiance que tu aimes et de renouer avec de vieux amis. J'ai beaucoup parlé de toi à Marion qui a hâte de faire ta connaissance.

A bientôt, je l'espère. Avec toutes mes amitiés.

Lieber André,

ich freue mich, dir meine Verlobung mit Marion Bonnot ankündigen zu können. Sie findet in vierzehn Tagen in Paris statt (das hast du sicher nicht erwartet). Ich würde mich sehr freuen, wenn du zu der Feier kommen könntest. Du hättest so auch die Möglichkeit, deine geliebte Pariser Atmosphäre wieder zu finden und alte Freunde wieder zu sehen. Ich habe Marion viel von dir erzählt. Sie möchte dich unbedingt kennen lernen.

Bis bald, hoffe ich.

Herzliche Grüße

4. Mitteilung einer Hochzeit an gute Freunde

Mon cher Fabien,

J'ai aujourd'hui le très grand plaisir de t'annoncer la date de mon mariage avec Magali Jobert. Il aura lieu le samedi 18 octobre à 15 heures dans l'église de notre petit village.

Si tu pouvais te libérer pour la circonstance et être des nôtres, tu ne sais quelle joie tu nous ferais. Il y a si longtemps que je ne t'ai pas revu et Magali aurait grand plaisir à faire ta connaissance.

Crois à mon bien amical souvenir. J'attends une réponse positive!

Lieber Fabien,

ich freue mich sehr, dir das Datum meiner Hochzeit mit Magali Jobert mitteilen zu können. Die Trauung findet am Samstag, dem 18. Oktober, um 15 Uhr in unserer kleinen Dorfkirche statt.

Du würdest uns eine große Freude bereiten, wenn du dich für die Feier freimachen und dabei sein könntest. Es ist schon lange her, seit wir uns das letzte Mal gesehen haben, und Magali würde sich sehr freuen, dich kennen zu lernen. Ich hoffe auf eine positive Antwort!

In freundschaftlicher Verbundenheit

5. Mitteilung einer Hochzeit an Verwandte

Ma chère tante,

Je t'annonce, avec la joie que tu peux aisément t'imaginer, la célébration de mon mariage pour le 31 mars prochain.

Ma fiancée est employée, comme moi, dans l'hôtellerie. Elle est actuellement secrétaire de réception dans un grand hôtel de Lausanne après avoir brillamment terminé ses études à l'Ecole hôtelière de Zurich.

Je souhaite vivement que tu puisses être parmi nous, ce jour-là, et même rester ensuite quelques jours à la maison: je suis certain qu'Annette te plaira par sa gentillesse, son charme et son intelligence et que vous deviendrez rapidement deux excellentes amies.

En attendant ta réponse avec impatience, je t'embrasse bien affectueusement.

Liebe Tante,

mit einem Gefühl der Freude, das du dir leicht vorstellen kannst, zeige ich dir meine für den 31. März festgesetzte Hochzeit an.

Meine Verlobte ist, ebenso wie ich, im Hotelgewerbe tätig. Nachdem sie die Hotelfachschule in Zürich mit bestem Erfolg abgeschlossen hat, ist sie zurzeit Empfangssekretärin in einem großen Hotel in Lausanne.

Ich wünschte mir sehr, du könntest an dem Tag bei uns sein und anschließend auch noch ein paar Tage bei uns bleiben. Ich bin sicher, dass Annette dir wegen ihres lieben Wesens, ihres Charmes und ihrer Intelligenz gefallen wird und dass ihr schnell allerbeste Freunde sein werdet.

Mit Ungeduld erwarte ich deine Antwort. Es küßt und grüßt dich sehr herzlich

6. Mitteilung eines Todesfalles
(Antwort s. Brief 17, 18, 19)

a) *nach langer Krankheit*

Cher Jean,

J'ai une bien triste nouvelle à t'apprendre: Georges est décédé hier. Nous nous attendions tous à une issue fatale, mais nous ne pouvions pas nous empêcher d'espérer encore un peu.

Sa mort m'a vraiment bouleversé. Au cours de sa longue maladie, il avait fait preuve de tant de courage et de patience.

Lieber Jean,

ich muss dir eine traurige Mitteilung machen: Georges ist gestern gestorben. Wir rechneten alle mit dem Schlimmsten, aber wir haben doch immer noch ein bisschen Hoffnung gehabt.

Sein Tod hat mich wirklich erschüttert. Während seiner langen Krankheit hat er so viel Mut und Geduld bewiesen.

Quand nous allions le voir, c'était lui qui nous réconfortait. Ses parents sont aussi vraiment désespérés. Comme je ne pense pas que tu puisses venir à l'enterrement qui aura lieu après-demain, à 16 heures, à l'église St-Germain, je suis sûr que tu leur ferais très plaisir en leur envoyant un petit mot de réconfort.

Je te quitte. Avec toutes mes amitiés.

Jedes Mal, wenn wir ihn besuchen gingen, war er es, der uns tröstete. Seine Eltern sind auch ganz verzweifelt. Ich glaube nicht, dass du zur Beerdigung kommen kannst, die übermorgen um 16 Uhr in der Kirche Saint-Germain stattfinden wird; aber ich bin sicher, dass du ihnen mit ein paar tröstenden Worten eine große Freude bereiten würdest.

Mit herzlichen Grüßen

b) *nach plötzlichem Tod*

Cher Henri,

Ingrid n'est plus. Elle *a été tuée hier dans un accident de la route (est décédée hier subitement).* C'est terrible! Depuis, je vis comme dans un brouillard et je n'arrive pas encore à croire à la réalité.

Pense aux enfants et à moi dans ces moments si difficiles. Je sais bien que tu ne pourras pas venir à l'enterrement, mais j'aurai certainement besoin, dans les mois qui viennent, de ton soutien et de ton amitié.

Avec toute mon amitié.

Lieber Henri,

Ingrid ist tot. Sie *kam gestern bei einem Verkehrsunfall ums Leben (ist gestern plötzlich gestorben).* Es ist schrecklich! Ich lebe seitdem wie in einem Nebel und kann es noch nicht fassen.

Denke in dieser schweren Zeit an die Kinder und an mich. Ich weiß wohl, dass du nicht zur Beerdigung kommen kannst, aber in den nächsten Monaten brauche ich sicher deine Unterstützung und Freundschaft.

Herzliche Grüße

7. Glückwünsche an Freunde zur Geburt eines Kindes
(Antwort s. Brief 22)

Chers amis,

C'est avec une grande joie que j'ai appris la nouvelle de la naissance de votre petit Nicolas. Vous devez être très heureux, car je suis sûr qu'il est aussi beau que ses parents.

J'espère que la maman se porte aussi

Liebe Freunde,

über die Nachricht von der Geburt eures kleinen Nicolas habe ich mich sehr gefreut. Ihr müsst sehr glücklich sein, denn ich bin sicher, er ist so schön wie seine Eltern.

Ich hoffe, dass es der Mutter den

bien que possible et que d'ici peu elle sera tout à fait remise.

Je compte vous rendre visite prochainement pour avoir le plaisir de passer quelques instants en votre compagnie et pouvoir ainsi admirer votre petit garçon.

Avec toute mon amitié.

Umständen entsprechend gut geht und dass sie in Kürze ganz wiederhergestellt sein wird.

Ich habe vor, euch in nächster Zeit zu besuchen, um ein paar Augenblicke mit euch zu verbringen und so euren kleinen Jungen bewundern zu können.

Herzliche Grüße

8. Glückwünsche zur Verlobung
(Antwort s. Brief 23)

Mademoiselle,

Je viens d'apprendre avec grand plaisir la nouvelle de vos fiançailles. C'est un grand événement, et j'en suis très heureux pour vous. Je vous souhaite tout le bonheur du monde, et vous envoie mes félicitations les plus chaleureuses.

Mes vœux vont, bien entendu, également à votre fiancé que j'espère connaître sous peu.

En attendant, croyez, Mademoiselle, à mon souvenir le meilleur.

Liebes Fräulein Dubois,

mit großer Freude habe ich soeben die Nachricht von Ihrer Verlobung erhalten. Das ist ein großes Ereignis und ich freue mich sehr mit Ihnen. Ich wünsche Ihnen alles nur erdenklich Gute und übersende Ihnen meine allerherzlichsten Glückwünsche.

Meine Wünsche gelten natürlich auch Ihrem Verlobten, den ich hoffentlich bald kennen lernen werde.

Ihnen beiden herzliche Grüße

9. Glückwünsche zur Hochzeit eines Freundes
(Antwort s. Brief 24)

Cher Benoît,

Je suis désolé de ne pouvoir assister à ton mariage, j'aurais tellement aimé venir. Crois pourtant à tous mes vœux de bonheur. A la première occasion, je ne manquerai pas de venir vous voir, ta femme et toi!

Avec mon très amical souvenir.

Lieber Benoît,

es tut mir sehr Leid, dass ich nicht an deiner Hochzeit teilnehmen kann; ich wäre so gern gekommen. Ich wünsche dir von Herzen alles Gute. Bei der nächsten Gelegenheit werde ich euch beide, deine Frau und dich, bestimmt besuchen!

In freundschaftlicher Verbundenheit

10. Glückwünsche zur Hochzeit eines Bekannten
(Antwort s. Brief 24)

Cher Monsieur,

Je vous adresse tous mes vœux de bonheur à l'occasion de votre mariage. Malheureusement je serai absent de Paris ce jour-là et donc dans l'impossibilité d'assister à la cérémonie, ce que je regrette beaucoup.

Mais à mon retour, je ne manquerai pas de vous rendre visite.

Croyez bien, cher Monsieur, que mes pensées les plus chaleureuses seront avec vous en ce grand jour.

Sehr geehrter Herr Dubois,

ich übersende Ihnen meine besten Glückwünsche zu Ihrer Hochzeit. Leider werde ich an dem Tag nicht in Paris sein, und es ist mir also unmöglich, an der Feier teilzunehmen, was ich sehr bedauere.

Aber wenn ich zurück bin, werde ich Sie bestimmt besuchen.

In Gedanken werde ich an diesem großen Tag bei Ihnen sein und grüße Sie herzlich.

11. Glückwünsche zum Geburtstag einer Bekannten
(Antwort s. Brief 25)

Chère Madame,

Je vous écris simplement ces quelques lignes pour vous souhaiter un très bon anniversaire.

J'ai peine à croire que cela fait déjà dix ans que nous nous sommes trouvés réunis chez vous à cette occasion. J'espère que vous êtes en bonne santé et que vous vous réjouissez de passer ce grand jour en famille.

Avec mes meilleurs vœux pour votre anniversaire, recevez, chère Madame, mes sincères amitiés.

Sehr geehrte Frau Godin,

hier ein paar Zeilen, um Ihnen herzlich zum Geburtstag zu gratulieren.

Ich kann es gar nicht glauben, dass es schon zehn Jahre her ist, seit wir dieses Fest zusammen bei Ihnen gefeiert haben. Ich hoffe, dass Sie gesund sind und es genießen, diesen Tag mit Ihrer Familie feiern zu können.

Mit den besten Wünschen zum Geburtstag grüßt Sie sehr herzlich

12. Glückwünsche zum Geburtstag eines Freundes
(E-Mail)

Salut Pierre,

Et voilà, un an de plus! Je te souhaite un bon anniversaire. Maintenant que tu as une adresse e-mail c'est encore plus pratique! Il ne te manque plus que des cyber-bougies à souffler sur le Web.

A +

Hallo Pierre,

Jetzt bereits ein Jahr älter. Ich wünsche dir alles Gute zum Geburtstag. Jetzt, wo du eine E-Mail Adresse hast, ist es noch praktischer! Es fehlen nur noch die Cyber-Kerzen, die man auf dem Web ausblasen kann.

Bis bald

13. Glückwünsche zum 80. Geburtstag eines Herrn

Cher Monsieur,

A l'occasion de votre 80ème anniversaire, veuillez recevoir tous les souhaits que je forme pour vous, de santé et de bonheur.

Ce jour-là, vous le fêterez certainement en compagnie de votre famille. Je garde d'elle un si bon souvenir! Voulez-vous transmettre à tous mes meilleures pensées?

Malgré mon absence à cette fête, j'espère vous revoir bientôt, et je vous prie de croire, cher Monsieur, à mon bien amical souvenir.

Sehr geehrter Herr Point,

zu Ihrem 80. Geburtstag gratuliere ich Ihnen sehr herzlich und wünsche Ihnen Gesundheit und Glück.

Sie werden diesen Tag sicher im Kreis Ihrer Familie feiern. Ich habe sie in bester Erinnerung und möchte Sie bitten, alle sehr herzlich von mir zu grüßen.

Obwohl ich zu diesem Fest nicht kommen kann, hoffe ich, Sie bald wieder zu sehen und grüße Sie sehr herzlich.

14. Glückwünsche zu Weihnachten und Neujahr
(Antwort s. Brief 26)

Chers amis,

A l'occasion des fêtes de Noël et du Nouvel An, je suis très heureux de vous présenter mes meilleurs vœux ainsi qu'à toute votre famille qui, comme chaque année pour les fêtes, sera réunie chez vous.

Liebe Freunde,

Ihnen und Ihrer Familie wünsche ich ein frohes Weihnachtsfest und Glück und Gesundheit für das neue Jahr. Sie verbringen diese Tage sicher wie jedes Jahr im Kreise Ihrer Familie.

Dès que j'aurai un moment, je ne manquerai pas de vous rendre visite. Il y a si longtemps que nous ne nous sommes revus.

En attendant, je vous embrasse de tout cœur.

Sobald ich es zeitlich einrichten kann, werde ich Sie besuchen. Es ist schon so lange her, seit wir uns das letzte Mal gesehen haben.

Herzliche Grüße

15. Glückwünsche zur bestandenen Prüfung
(E-Mail) (Antwort s. Brief 27)

Cher Alain,

Alors tu l'as eu ce diplôme! Qui l'eût cru? On va bientôt pouvoir t'appeler docteur dans 3 ans. Toutes mes félicitations et a+

Lieber Alain,

Jetzt hast du dein Diplom in der Tasche! Wer hätte das gedacht? Man wird dich in 3 Jahren Doktor nennen können. Glückwunsch, bis bald.

16. Glückwünsche zu einer Auszeichnung

Cher Jean,

J'ai lu hier dans le journal qu'on venait de te décerner *les Palmes Académiques (la Légion d'Honneur).*

Permets-moi, à cette occasion, de t'adresser mes sincères félicitations. Je suis vraiment heureux de la distinction que tu viens d'obtenir, car je pense, comme beaucoup, qu'elle est bien méritée.

Reçois encore tous mes compliments et l'expression de ma sincère sympathie.

Lieber Jean,

gestern habe ich in der Zeitung gelesen, dass man dir die «Palmes Académiques» (die «Légion d'Honneur») verliehen hat.

Ich möchte dir aus diesem Anlass ganz herzlich gratulieren. Ich freue mich sehr für dich über diese Auszeichnung, denn ich glaube, wie viele andere auch, dass du sie wirklich verdient hast.

Nochmals meine allerbesten Wünsche und herzliche Grüße.

17. Beileid zum Tod der Mutter einer Freundin

Chère Suzanne,

J'apprends à l'instant le malheur qui te frappe et je voudrais t'assurer de toute mon amitié dans les moments difficiles que tu traverses. Ta maman que je connaissais depuis mon enfance restera pour moi un modèle de générosité et de gentillesse.

Sois assurée, chère Suzanne, que je suis de tout cœur à tes côtés et que je prends part à ta peine.

Liebe Susanne,

soeben erhalte ich die traurige Nachricht und möchte dir sagen, dass ich dir in diesem schweren Augenblick in Freundschaft und herzlicher Anteilnahme verbunden bin. Deine Mutter, die ich seit meiner Kindheit kannte, wird für mich immer ein Vorbild an Großzügigkeit und Herzlichkeit bleiben.

Ich bin in Gedanken bei dir und teile deinen Schmerz.

Herzlichst

18. Beileid zum Tod des Ehemannes
(Antwort s. Brief 29)

Chère Madame,

Je viens d'apprendre à l'instant le décès de votre mari. En ces circonstances si douloureuses, je voudrais vous dire combien je prends part à votre peine et vous assurer de toute ma sympathie.

Je vous prie d'accepter, chère Madame, mes condoléances attristées et l'expression de mon profond respect.

Sehr geehrte Frau Brunet,

die traurige Nachricht vom Tode Ihres Mannes habe ich soeben erhalten. In diesem schmerzlichen Augenblick möchte ich Ihnen sagen, wie sehr ich an Ihrem Schmerz teilhabe und Ihnen freundschaftlich verbunden bin.

Nehmen Sie mein aufrichtiges Beileid entgegen.

In herzlicher Verbundenheit

19. Beileid zum Tod der Ehefrau

Cher Monsieur,

Nous avons appris avec beaucoup de peine le décès de votre épouse. Les mots sont impuissants devant une telle épreuve, mais nous aimerions vous dire pour-

Sehr geehrter Herr Blanc,

die Nachricht vom Tod Ihrer lieben Frau hat uns sehr bewegt. Leider bieten Worte in einer solchen Situation schwerster Prüfung nur wenig Trost. Sie

tant combien nous partageons votre chagrin. Nous serons toujours à vos côtés pour vous soutenir de toute notre affection.

De tout cœur avec vous.

sollen jedoch wissen, wie sehr wir an Sie denken und Ihren Schmerz teilen. Wir werden Ihnen beistehen, wo immer wir können.

· Wir sind mit ganzem Herzen bei Ihnen.

20. An eine Freundin, deren Mutter erkrankt ist
(Antwort s. Brief 30)

Chère Marie,

En rentrant de vacances, j'ai appris la maladie de ta maman. J'espère de tout cœur que ce n'est pas grave et qu'elle se remettra bientôt. Dans quel hôpital se trouve-t-elle? Si c'est possible, j'aimerais lui téléphoner pour avoir de ses nouvelles.

Quand tu recevras ma lettre, j'espère vivement qu'elle ira beaucoup mieux. Peut-être même aura-t-elle déjà quitté l'hôpital.

En attendant, je te charge de lui transmettre tous mes vœux de prompt rétablissement.

Amicalement

Liebe Marie,

ich komme soeben aus den Ferien zurück und habe von der Krankheit deiner Mutter erfahren. Ich hoffe von ganzem Herzen, dass es nichts Ernstes ist und sie sich bald wieder erholt. In welchem Krankenhaus liegt sie? Wenn möglich, möchte ich mich telefonisch nach ihrem Wohlergehen erkundigen.

Ich hoffe aber, dass es ihr schon viel besser geht, wenn dich dieser Brief erreicht, und sie vielleicht schon entlassen ist.

Grüße sie herzlich von mir und sage ihr inzwischen meine besten Wünsche für eine baldige Genesung.

Herzlichst

21. An eine Bekannte, die einen Unfall erlitten hat
(Antwort s. Brief 31)

Chère Madame,

La nouvelle de votre accident nous a beaucoup frappés. Heureusement que cela n'a pas été trop grave. Mais je peux tout de même très bien m'imaginer la peur que vous avez dû éprouver. Les routes sont actuellement très dangereuses.

Liebe Frau Martin,

die Nachricht von Ihrem Unfall hat uns sehr getroffen. Ich weiß, dass es zum Glück nichts Schlimmes war, aber ich kann mir Ihren Schrecken gut vorstellen. Leider sind die Straßen heutzutage sehr gefährlich.

Nous espérons que vous vous rétablirez rapidement et que vous n'aurez pas trop de difficultés à remarcher. Nous aurions bien aimé vous rendre visite mais ce n'est pas possible, mon mari et moi-même étant surchargés de travail, en ce moment.

Nous vous souhaitons un prompt rétablissement et vous envoyons toutes nos amitiés.

Hoffen wir, dass es Ihnen bald besser geht und Sie bald wieder problemlos gehen können. Wir würden Ihnen gern einen Besuch abstatten, aber momentan ist es nicht möglich, weil mein Mann und ich im Moment bis zum Hals in Arbeit stecken.

Wir wünschen Ihnen eine recht baldige Genesung und grüßen Sie aufs Herzlichste.

22. Dank für Glückwünsche zur Geburt eines Kindes

Mon cher Robert,

Merci beaucoup de ta lettre qui nous a fait bien plaisir. Nous avons été très touchés par les mots que tu nous as adressés pour la naissance de notre fils. Nous commençons tout juste à retrouver un rythme de vie normal: les premières semaines ont été dures, mais Pierre fait déjà sa nuit et ne nous réveille plus, c'est appréciable! Il est adorable!

Viendras-tu bientôt faire sa connaissance?

Bien amicalement.

Lieber Robert,

vielen Dank für deinen Brief. Deine lieben Worte zur Geburt unseres Sohnes haben uns sehr gerührt. Wir finden allmählich unseren normalen Lebensrhythmus wieder: Die ersten Wochen waren etwas anstrengend, aber jetzt schläft Pierre schon die ganze Nacht durch und weckt uns nicht mehr, das ist eine Erleichterung! Er ist ein Schatz!

Willst du ihn nicht bald einmal kennen lernen?

Liebe Grüße

23. Dank für Glückwünsche zur Verlobung

Chère Nicole,

Merci beaucoup de ta gentille lettre et des vœux que tu as formulés pour nous deux. Nous avons beaucoup regretté, bien sûr, ton absence à nos fiançailles, mais ce n'est que partie remise: nous sommes heureux, en effet , de t'inviter à

Liebe Nicole,

vielen Dank für deinen lieben Brief und für deine Glückwünsche zu unserer Verlobung. Wir haben es sehr bedauert, dass du nicht dabei sein konntest, aber aufgeschoben ist nicht aufgehoben: Wir möchten dich nämlich gern zu unserer

notre mariage. Il aura lieu l'automne prochain, en octobre. Je te préciserai la date très rapidement pour que tu prennes tes dispositions.

En attendant, reçois notre très amical souvenir.

Hochzeit einladen, die im Oktober stattfinden wird. Ich werde dir schnellstens das genaue Datum mitteilen, damit du dich rechtzeitig darauf einstellen kannst.

Inzwischen grüßen wir dich sehr herzlich.

24. Dank für Glückwünsche zur Hochzeit

Cher Marcel,

J'ai bien pensé que notre mariage allait te surprendre. Tout s'est passé si soudainement!

Tu veux nous offrir un cadeau, dis-tu, et tu nous demandes des idées. La meilleure serait par exemple que tu consultes la liste que nous avons déposée au Printemps-Haussmann.

Nous allons emménager bientôt dans notre nouvel appartement et nous espérons que tu viendras nous voir.

Sois assuré que notre vieille amitié continue.

Lieber Marcel,

ich habe mir schon gedacht, dass die Nachricht von unserer Hochzeit dich überraschen wird! Es kam alles so plötzlich!

Du sagst, du willst uns ein Geschenk machen und fragst uns nach Ideen. Die beste Idee wäre vielleicht, die Liste, die wir beim Printemps-Haussmann hinterlegt haben, zu konsultieren.

Wir werden bald in unsere neue Wohnung einziehen und hoffen, dass du uns dort besuchst.

In alter Freundschaft

25. Dank für Glückwünsche zum Geburtstag
(E-Mai)

Salut à tous!

Merci de vos bons voeux. Pour l'occasion je vous invite à ma soirée d'anniversaire ou on fêtera ça avec nos amis;

Il y aura des chips; des olives et de l'alcool pour tous;

Alors, samedi prochain, venez tous!

Hallo allerseits!

Vielen Dank für die Glückwünsche. Ich lade euch zu einer Geburtstagsfete ein, wo wir mit Freunden feiern werden.

Chips, Oliven und Wein für alle wird's geben.

Bis nächsten Samstag, kommt alle!

26. Dank für Glückwünsche zu Weihnachten und Neujahr

Chère Brigitte,

Comme c'est aimable de votre part de m'écrire! Nous avons aussi pensé à vous et parlé des bons moments que nous avons passés ensemble.

Magali et René amèneront les enfants à Noël; notre maison sera pleine et nous nous en réjouissons à l'avance.

Je vous souhaite aussi de tout cœur, ma chère Brigitte, une très bonne fête de Noël et une nouvelle année pleine de bonheur.

Très affectueusement

Liebe Brigitte,

wie liebenswürdig von Ihnen, mir zu schreiben! Wir haben auch an Sie gedacht und von der schönen Zeit gesprochen, die wir zusammen verbracht haben.

Magali und René bringen die Kinder zu Weihnachten mit, und wir freuen uns schon darauf, dass unser Haus voll wird!

Ich wünsche Ihnen ebenfalls von ganzem Herzen ein schönes Weihnachtsfest und ein glückliches neues Jahr.

Sehr herzlich Ihre

27. Dank für Glückwünsche nach bestandenem Examen
(E-Mail) (s. Brief 15)

Salut René,

Merci de t'être manifesté et d'avoir pensé à moi. Ton petit mot de félicitations m'a fait trés plaisir. Oui, les études sont bien finies pour moi et je n'en suis pas mécontent. J'ai vraiment travaillé dur pour en arriver jusque là. Avec ce bon diplôme en poche, j'espère trouver bientôt un emploi. J'ai déjà commencé à faire les petites annonces, mais je n'ai pas encore trouvé le job idéal.

Mais avant de penser au travail il faut d'abord qu'on fête mon succès tous ensemble. J'invite tous les copains et je compte aussi sur toi. Alors dimanche prochain venez tous! Merci de confirmer par e-mail ou sur mon portable.

A bientôt.

Hallo René,

vielen Dank, dass Du Dich gemeldet hast. Deine Glückwünsche haben mich sehr gefreut. Ja, das Studium ist jetzt für mich zu Ende und ich bin nicht unglücklich darüber. Ich habe wirklich hart gearbeitet, um es zu schaffen. Mit diesem guten Abschluss in der Tasche hoffe ich bald eine Stellung zu bekommen. Ich habe schon die Stellenanzeigen studiert, den Idealjob habe ich allerdings noch nicht gefunden.

Aber bevor ich an die Arbeit denke, müssen wir meinen Erfolg gemeinsam feiern. Ich lade alle Freunde ein und ich rechne auch mit Dir. Kommt also nächsten Sonntag! Bitte per E-Mail oder Anruf auf dem Handy bestätigen.

Bis bald

28. Dank für Beileidsbezeigung eines Freundes

Mon cher Jean,

Ta lettre m'a beaucoup touché. Je sais combien tu appréciais Jacqueline. Je sais aussi que tu peux comprendre ce que sa disparition représente pour moi.

Encore merci de ta sympathie.

Lieber Jean,

dein Brief hat mich sehr gerührt. Ich weiß, wie sehr du Jacqueline geschätzt hast. Ich weiß auch, dass du ermessen kannst, was ihr Verlust für mich bedeutet.

Nochmals vielen Dank für deine Anteilnahme.

29. Dank für Beileidsbezeigung eines Bekannten

Cher Monsieur,

Permettez-moi de vous remercier de tout cœur de votre sympathie qui m'a beaucoup touché. Dans ces moments si difficiles, il est rassurant de se savoir épaulé, et les mots que vous avez su trouver pour parler de Bernard nous ont beaucoup réconfortés.

Veuillez croire, cher Monsieur, à nos sentiments amicaux.

Lieber Herr Croizet,

ich möchte Ihnen ganz herzlich für Ihre Anteilnahme danken, die mich sehr gerührt hat. In diesen schwierigen Tagen tut es gut, Unterstützung zu erfahren, und was Sie über Bernard geschrieben haben, hat uns Kraft und Trost gegeben.

Mit den besten Grüßen

30. Dank für Anteilnahme an Erkrankung der Mutter
(s. Brief 20)

Chère Jocelyne,

Grand merci de ta dernière lettre qui m'a fait bien plaisir. Nous sommes maintenant quelque peu soulagés: maman va beaucoup mieux et nous espérons qu'elle sera vite complètement remise de sa maladie. Elle se joint à moi pour te transmettre son bon souvenir.

Liebe Jocelyne,

vielen Dank für deinen letzten Brief, der mich sehr erfreut hat. Wir sind jetzt ein bisschen erleichtert: Unserer Mutter geht es viel besser und wir hoffen, dass sie bald wieder ganz von ihrer Krankheit genesen sein wird. Sie lässt dich herzlich grüßen. Wir hoffen, dass du bald ein

Nous espérons que tu trouveras bientôt un moment pour nous rendre visite.

Dans l'attente de te revoir, nous t'envoyons notre meilleur souvenir.

wenig Zeit finden wirst, um uns besuchen zu kommen.

Wir freuen uns darauf, dich wieder zu sehen und senden dir herzliche Grüße

31. Dank für Anteilnahme anlässlich eines Unfalls
(s. Brief 21)

Chère Madame,

Je vous remercie infiniment de votre lettre. J'ai beaucoup apprécié la gentillesse de votre mari. Dites-lui que les fleurs de son jardin valent mille fois toutes celles des fleuristes!

Je crois bien — malheureusement — être moi-même la responsable de l'accident. Aurai-je, un jour, le courage de reprendre le volant? Dès que j'irai mieux, je viendrai vous voir.

Croyez, chère Madame, à mon bien amical souvenir.

Liebe Frau Larbaud,

ich danke Ihnen sehr für Ihren Brief. Bestellen Sie Ihrem Mann ein herzliches Dankeschön für die herrlichen Blumen aus dem eigenen Garten, die er mir geschickt hat. Sie sind tausendmal schöner als die vom Blumenhändler!

Ich glaube, dass ich — leider — an dem Unfall weitgehend selbst schuld war. Werde ich jemals wieder den Mut haben, mich ans Steuer zu setzen? Ich werde Sie besuchen, sobald es mir wieder besser geht.

Herzliche Grüße

Ihre

32. Bitte um die Anschrift eines gemeinsamen Bekannten
(E-Mail)

Salut!

J'ai perdu les coordonnées de Paul, Si tu pouvais me les communiquer rapidement, ça serait sympa parce que j'en ai un besoin urgent.

D'avance merci, à+

Hallo,

Ich habe Pauls Adresse und Telefonnummer verloren, wenn du sie mir mitteilen könntest, wäre es toll, denn ich brauche sie ganz dringend.

Vielen Dank im Voraus, bis bald

33. Empfangsbestätigung

Monsieur,

Je vous remercie très sincèrement de l'envoi du prospectus que je vous avais demandé. C'est juste ce qu'il me fallait: il est très complet et contient toutes les informations dont j'ai besoin.

Je vous en suis extrêmement reconnaissant et si à l'avenir je peux vous être utile, n'hésitez pas à faire appel à moi.

Veuillez agréer, Monsieur, l'expression de mes salutations distinguées.

Sehr geehrter Herr Raynaud,

hiermit möchte ich Ihnen vielmals für die Übersendung des Prospektes danken, um den ich Sie gebeten hatte. Es ist genau das, was ich brauchte; er ist sehr umfangreich und enthält alle notwendigen Informationen.

Ich bin Ihnen sehr dankbar, und falls ich Ihnen in Zukunft in irgendeiner Weise nützlich sein kann, zögern Sie bitte nicht, sich an mich zu wenden.

Mit besten Grüßen

34. Erinnerung an die Beantwortung eines Briefes
(Antwort s. Brief 57, 58, 59)

Chère Madame,

Mon courrier du 23 juin est à ce jour demeuré sans réponse. Les lenteurs de la poste sont peut-être à incriminer, mais il se peut qu'absente à ce moment-là, vous ayez été, jusqu'à ce jour, dans l'impossibilité de me répondre. J'espère que ce contretemps n'a pas de raisons plus sérieuses.

Je vous serais extrêmement reconnaissant de bien vouloir m'envoyer, dans les meilleurs délais, une réponse même brève, car le temps presse.

Dans l'attente de votre courrier, veuillez agréer, chère Madame, l'expression de ma considération distinguée.

Sehr geehrte Frau Bernard,

leider habe ich auf meinen Brief vom 23. Juni noch keine Antwort erhalten. Wahrscheinlich waren Sie verreist und konnten mir daher nicht früher antworten, oder es wird sich um einen Fehler der Post handeln. Ich hoffe jedenfalls, dass die Verzögerung keine schwerwiegenderen Gründe hat.

Da die Angelegenheit ziemlich dringend ist, wäre ich Ihnen außerordentlich dankbar, wenn Sie mir baldmöglichst eine, wenn auch nur kurze Antwort zukommen ließen.

In der Erwartung von Ihnen zu hören, grüße ich Sie

hochachtungsvoll

35. Brief zu einem Geschenk

(s. Brief 54)

Chère Sabine,

Je te présente mes meilleurs vœux à l'occasion de ton anniversaire, et j'espère de tout cœur que tu passeras une agréable journée de fête.

Je joins à ma lettre un petit cadeau d'anniversaire qui, je l'espère, te fera plaisir. J'ai longtemps hésité avant de choisir cette couleur. Mon choix est-il le bon? C'est ce que je souhaite.

Je te redis: Bon anniversaire, Sabine!

Je t'embrasse,

Liebe Sabine,

meine herzlichen Glückwünsche zum Geburtstag! Ich hoffe von ganzem Herzen, dass du viel Freude an diesem Tag erleben wirst.

Ich lege ein kleines Geburtstagsgeschenk bei, das dir hoffentlich gefällt. Ich habe lange überlegt, bevor ich mich für diese Farbe entschied. Habe ich die richtige Wahl getroffen? Das hoffe ich natürlich.

Nochmals alles Gute zum Geburtstag!

Herzlichst

36. Liebesbrief

Cédric chéri, (*ou:* Cécile chérie,)

Depuis que je t'ai quitté (quittée), je ne cesse de penser à toi et je compte les jours et les heures qui me séparent du moment où nous aurons la joie de nous retrouver.

Je me rends maintenant compte de tout ce que tu représentes pour moi. Je suis sûre (sûr) de mes sentiments à ton égard: je t'aime. Tu ne peux pas savoir à quel point tu me manques. Ecris-moi! Téléphone-moi!

Je t'embrasse très tendrement.

Geliebter Cédric, (Geliebte Cécile,)

seit ich dich verlassen habe, denke ich ununterbrochen an dich, und ich zähle die Tage und die Stunden, bis wir uns wieder sehen.

Ich weiß jetzt, was du für mich bedeutest. Ich weiß, dass ich dich liebe. Du kannst dir nicht vorstellen, wie sehr du mir fehlst.

Schreib mir! Ruf mich an!

In zärtlicher Liebe

37. Abschiedsbrief

Myriam, (*ou:* François,)

Depuis quelque temps déjà, j'ai l'impression que nos sentiments l'un

Myriam, (François,)

schon seit einiger Zeit habe ich den Eindruck, dass unsere Gefühle füreinan-

pour l'autre ne sont plus ce qu'ils étaient et que tu cherches même à m'éviter. J'ai d'abord pensé que tu voulais prendre un peu de recul pour réfléchir sur notre relation, mais depuis que je t'ai vue (vu) hier en ville avec Martin (Rosalie), je n'ai plus aucun doute.

Arrêtons donc de jouer au chat et à la souris. Il est mieux que nous cessions de nous voir. Je regrette beaucoup pour ma part que tout se termine ainsi entre nous, mais je crois que c'est mieux pour nous deux.

Adieu,

der nicht mehr das sind, was sie einmal waren und dass du sogar den Kontakt mit mir meidest. Zuerst dachte ich, dass du nur ein bisschen Abstand gewinnen wolltest, um über unsere Beziehung nachzudenken, aber seit ich dich gestern in der Stadt mit Martin (Rosalie) gesehen habe, ist für mich alles klar.

Lass uns das Katz- und Mausspiel beenden. Es ist besser, wenn wir endgültig Schluss machen. Ich für meinen Teil bedauere sehr, dass alles so zwischen uns endet, aber ich glaube, es ist für uns beide das Beste.

Leb wohl.

38. Antwort auf eine Heiratsannonce in der Zeitung

Monsieur,

Je viens de lire la petite annonce que vous avez fait paraître dans le dernier «Républicain Lorrain», et d'après le portrait que vous faites de vous, je pense que nous avons de nombreux points communs et que nous serions faits pour nous entendre.

Je suis veuve (divorcée) depuis maintenant trois ans et la solitude me pèse beaucoup, car je suis d'un caractère assez entreprenant. Je suis employée dans une petite entreprise de la région, mais le travail n'est pas tout dans la vie …

J'espère que cette lettre vous donnera envie d'en savoir un peu plus sur moi et que nous aurons prochainement le plaisir de nous rencontrer. Je vous envoie ci-joint une photo récente. Ecrivez-moi!

Dans l'attente de vous lire, je vous prie d'agréer, Monsieur, mes salutations distinguées.

Sehr geehrter Herr,

ich habe soeben Ihre Annonce in dem «Républicain Lorrain» gelesen. Nach dem, was Sie über sich schreiben, glaube ich, dass wir viele gemeinsame Anknüpfungspunkte haben und uns gut verstehen könnten.

Ich bin seit drei Jahren Witwe (geschieden), und die Einsamkeit bedrückt mich sehr, denn ich bin im Grunde ein geselliger Mensch. Ich arbeite als Angestellte in einem kleinen Betrieb in der Umgebung, aber Arbeit ist nicht alles im Leben …

Ich hoffe, dass Sie dieser Brief neugierig macht, etwas mehr über mich zu erfahren, und dass wir bald das Vergnügen haben uns kennen zu lernen. Anbei erhalten Sie ein aktuelles Foto.

Schreiben Sie mir!

Mit freundlichen Grüßen

39. Einladung zum Ferienaufenthalt

Chère Claire, cher Thierry,

Est-ce que vous avez déjà prévu quelque chose pour cet été? Vous nous feriez un très grand plaisir en venant passer quelques jours avec nous à la montagne près de Mégève, entre le 10 et le 20 août. Vous connaissez déjà la maison, elle vous est grande ouverte. Qu'en dites-vous?

Dans l'attente de votre réponse, nous vous envoyons notre très amical souvenir.

Liebe Claire, lieber Thierry,

habt ihr schon Ferienpläne für diesen Sommer? Ihr würdet uns eine große Freude machen, wenn ihr einige Tage zwischen dem 10. und 20. August mit uns in den Bergen in der Nähe von Mégève verbringen würdet. Das Haus kennt ihr ja schon, ihr seid dort herzlich willkommen. Was haltet ihr davon?

Wir hoffen, dass ihr uns bald schreibt.

Herzliche Grüße

40. Einladung zum Wochenendaufenthalt
(s. Brief 46, 47)

Cher Denis,

Nous sommes arrivés dans notre maison de campagne la semaine dernière et, si tu peux te libérer quelques jours, ça nous ferait plaisir que tu nous rendes une petite visite. Le week-end, nous aurons le temps de te montrer la région qui est magnifique. Il y a aussi un festival de musique baroque dans les environs et comme nous connaissons ton amour pour la musique nous sommes sûrs que cela t'intéressera. Pour compléter le tout, il faut encore ajouter le marché au puces du dimanche matin où tu pourras faire de bonnes affaires.

Si cela te dit, fais nous simplement savoir quand tu peux venir.

En attendant ta venue, nous t'envoyons notre meilleur souvenir.

Lieber Denis,

wir sind letzte Woche in unserem Haus auf dem Land angekommen und würden uns freuen, wenn Du Dir einige Tage freinehmen könntest, um uns kurz zu besuchen. Am Wochenende haben wir Zeit, Dir die wunderschöne Gegend zu zeigen. Ganz in der Nähe findet auch ein Barockmusikfestival statt, und da wir Deine Liebe zur Musik kennen, sind wir sicher, dass es dich interessieren wird. Um es Dir noch schmackhafter zu machen, am Sonntag morgen gibt es hier einen Flohmarkt, auf dem Du gute Schnäppchen machen kannst.

Wenn Dir danach ist, lass uns wissen, wann Du kommen kannst.

Wir freuen uns auf deinen Besuch.

Herzliche Grüße

41. Einladung zum Besuch am Wochenende
(E-Mail) (s. Brief 46, 47)

Salut Claude!

Ca serait génial si tu pouvais venir passer le week-end du 7 juillet à Deauville. On sera toute une bande de copains et on fera la fête! Envoie un mèl pour confirmer.

Ciao!

Hallo Claude,

Es wäre toll wenn du das Wochenende vom 7. Juli nach Deauville kommen könntest. Die ganze Clique wird da sein und wir werden zusammen feiern. Bestätige dein Kommen per E-Mail.

Ciao!

42. Einladung zu einer Hausgesellschaft
(s. Brief 48, 49)

Cher Monsieur,

Nous feriez-vous le plaisir d'être des nôtres le samedi soir, 18 novembre? Nous recevons quelques amis, en particulier les Durand, dont vous avez déjà fait la connaissance chez nous.

En espérant une réponse positive de votre part, nous vous prions de croire, cher Monsieur, à notre très sympathique souvenir.

Lieber Herr Legrand,

wir möchten Sie gern für Samstagabend, den 18. November, zu uns einladen. Machen Sie uns das Vergnügen? Es kommen noch einige Freunde, unter anderem das Ehepaar Durand, das Sie bereits bei uns kennen gelernt haben.

Wir hoffen, dass Sie zusagen werden, und grüßen Sie sehr herzlich

43. Einladung zum Abendessen
(Antwort S. Brief 44, 45)

Chère Madame,
Cher Monsieur,

Nous feriez-vous le plaisir de venir dîner chez nous le 15 décembre prochain, vers 20 h 30? Nous avons invité quelques amis à venir également ce soir-là.

Dans l'attente d'une réponse favorable de votre part, nous vous adressons notre très amical souvenir.

Sehr geehrte Frau Bonnet,
Sehr geehrter Herr Bonnet,

würden Sie uns die Freude bereiten, am 15. Dezember gegen 20 Uhr 30 zu uns zum Abendessen zu kommen? Wir haben noch einige Freunde für diesen Abend eingeladen.

Wir würden uns freuen, Sie zu unseren Gästen zählen zu können, und hoffen auf Ihre Zusage.

Mit herzlichen Grüßen

ou (par carte de visite):

M. et Mme Jurie
prient Monsieur et Madame Bonnet
de leur faire le plaisir de venir dîner
avec eux samedi prochain
15 décembre à 20 heures 30,
en toute simplicité

50, rue de la Paix
Paris

R.S.V.P.

oder (auf einer Visitenkarte)

Herr und Frau Jurie
geben sich die Ehre,
Herrn und Frau Bonnet
am Samstag, 15. Dezember
um 20.30 Uhr,
zum Abendessen
in zwangloser Atmosphäre
einzuladen.

50, rue de la Paix
Paris

u.A.w.g.

44. Annahme einer Einladung zum Abendessen

Chère Julie, cher Jacques,

Nous acceptons avec le plus grand plaisir votre invitation à dîner samedi prochain. Nous sommes vraiment très heureux de vous revoir après une si longue séparation. C'est une excellente idée de votre part. Nous allons passer une bonne soirée entre amis.

A bientôt. Bien amicalement à vous.

Liebe Julie, lieber Jacques,

wir haben eure Einladung erhalten und kommen gern am nächsten Samstag zu euch. Wir freuen uns sehr, euch nach so langer Zeit wieder zu sehen! Es ist wirklich eine tolle Idee von euch und es wird bestimmt ein schöner Abend unter alten Freunden!

Bis bald!
Herzliche Grüße

45. Ablehnung einer Einladung zum Abendessen

Chère Martine, cher Roland,

Nous sommes vraiment navrés de ne pouvoir venir à votre fête. Le week-end prochain, Jean doit participer à un congrès à Lyon et j'ai décidé de l'accompagner. Nous espérons toutefois avoir bientôt l'occasion de nous revoir. Mal-

Liebe Martine, lieber Roland,

es tut uns sehr Leid, dass wir nicht zu eurem Fest kommen können. Nächstes Wochenende muss Jean zu einem Kongress nach Lyon und ich habe mich entschlossen, ihn dorthin zu begleiten. Hoffentlich bietet sich bald eine Gelegenheit

heureusement, notre vie est pleine d'imprévus à cause des obligations professionnelles de Jean!

Nous vous téléphonerons dès que nous aurons une soirée de libre.

Bien amical souvenir à tous.

für ein Wiedersehen. Leider ist unser Leben durch Jeans Beruf ziemlich unberechenbar!

Wir rufen euch an, sobald sich ein freier Abend ergibt, um ein Treffen zu vereinbaren.

Herzliche Grüße an alle

46. Annahme einer Einladung zum Wochenende

Chers Nicole et Pierre,

Merci beaucoup de votre invitation. C'est avec grand plaisir que je l'accepte. Je viendrai en voiture, j'ai déjà étudié le trajet et je pense arriver vendredi soir vers 19 heures. J'ai hâte de vous revoir.

Je vous embrasse, à bientôt.

Liebe Nicole, lieber Pierre,

herzlichen Dank für die Einladung, die ich mit Freuden annehme. Ich komme mit dem Auto, habe mir die Strecke schon angesehen und hoffe, Freitagabend gegen 19 Uhr einzutreffen. Ich kann es kaum erwarten euch wieder zu sehen.

Mit herzlichem Gruß, bis bald!

47. Ablehnung einer Einladung zum Wochenende

Chère Cécile,

C'est très gentil à vous de m'inviter: malheureusement je ne pourrai pas venir. Ces derniers temps, j'ai eu quelques problèmes de santé qui me contraignent au repos. Un voyage, même bref, m'est formellement déconseillé. Je suis vraiment navré, mais j'espère qu'une autre occasion se représentera.

Avec toutes mes amitiés.

Liebe Cécile,

es ist wirklich sehr nett von euch mich einzuladen, aber leider kann ich nicht kommen. In letzter Zeit ging es mir gesundheitlich nicht so gut, und ich muss mich so viel wie möglich ausruhen. Von einer Reise, auch einer kurzen, wurde mir ausdrücklich abgeraten. Es tut mir außerordentlich Leid, aber ich hoffe, dass sich wieder eine Gelegenheit bietet.

Viele liebe Grüße an alle

48. Ablehnung einer Einladung zu einer Hausgesellschaft
(s. Brief 42)

Chère Madame,

Je regrette vivement de ne pouvoir accepter votre invitation pour samedi prochain. Je me faisais une joie de venir, mais je me suis rendu compte que j'avais au même moment une obligation professionnelle à laquelle il m'est impossible de me soustraire. J'espère que ce n'est que partie remise et que j'aurai le plaisir de vous rencontrer prochainement, avec votre mari.

Avec mes plus vifs regrets, je vous prie d'agréer, chère Madame, mes salutations distinguées.

Liebe Frau Mandé,

es tut mir sehr Leid, Ihre Einladung zum Fest am nächsten Samstag nicht annehmen zu können. Ich wäre sehr gern gekommen, habe aber festgestellt, dass ich zu diesem Termin schon eine berufliche Verpflichtung habe, der ich mich unmöglich entziehen kann.

Ich hoffe, dass aufgeschoben nicht aufgehoben ist und es sich ergibt, Sie und Ihren Mann recht bald wieder zu sehen.

Mit aufrichtigen Bedauern
und herzlichen Grüßen

49. Verschiebung einer Einladung

Chère Christiane, cher Denis,

C'est vraiment très gentil à vous de m'inviter à venir passer ce samedi chez vous, mais malheureusement, je ne peux accepter votre invitation. J'ai promis depuis des semaines à ma petite nièce de l'accompagner au théâtre, et comme c'est son anniversaire, je ne peux en aucun cas la décevoir. Je suis sûr que vous comprendrez ma situation …

Je regrette beaucoup de ne pouvoir venir, mais peut-être aurous-nous encore l'occasion de nous revoir au cours de l'été?

Avec mon amical souvenir à vous deux.

Liebe Christiane, lieber Denis,

es ist wirklich sehr nett von euch, mich am Samstag zu euch einzuladen, aber leider werde ich eure Einladung nicht annehmen können. Ich habe seit Wochen meiner kleinen Nichte versprochen, mit ihr ins Theater zu gehen, und weil es ihr Geburtstag ist, kann ich sie auf keinen Fall enttäuschen. Ich bin sicher, dass ihr für meine Lage Verständnis haben werdet.

Es tut mir wirklich außerordentlich Leid, dass ich nicht zu euch kommen kann, aber vielleicht ergibt sich eine andere Gelegenheit im Laufe des Sommers?

Herzliche Grüße

50. Dank für einen Besuch

Chère Estelle,

J'espère que tu es bien arrivée chez toi, dimanche soir, et que tu as fait un agréable voyage.

Cela a été pour nous une joie de t'avoir ici et tu nous as beaucoup manqué cette semaine. Tu étais vraiment une invitée modèle et nous espérons que tu reviendras bientôt nous voir.

Reçois de nous tous nos pensées bien amicales.

Liebe Estelle,

ich hoffe, du bist am Sonntagabend gut nach Hause gekommen und hast eine angenehme Reise gehabt.

Es war uns eine große Freude, dich hier zu haben, und wir haben dich in dieser Woche sehr vermisst. Du warst ein wahrer Mustergast, und wir hoffen, dass du bald wieder kommst.

Mit herzlichen Grüßen von uns allen

51. Dank für Gastfreundschaft von Bekannten

Chère Madame,

Je suis maintenant de retour à Berlin et je m'empresse de vous écrire pour vous remercier de votre amabilité et de votre hospitalité lors de mon séjour en France. Cela a été pour moi une grande joie d'être ainsi reçu(e) dans une famille.

J'espère vivement que vous aurez un jour l'occasion de venir en Allemagne afin que je puisse à mon tour vous accueillir. Peut-être que le livre sur notre ville que je vous envoie ci-joint vous incitera-t-il à passer prochainement vos vacances ici?

Mes parents se joignent à moi pour vous présenter leurs sincères salutations.

Liebe Frau Gauthier,

jetzt bin ich wieder zu Hause in Berlin, und es drängt mich, Ihnen gleich zu schreiben, um Ihnen für all Ihre Liebenswürdigkeit und Gastfreundschaft während meines Aufenthalts in Frankreich zu danken. Es war für mich eine große Freude, richtig in einer Familie aufgenommen zu sein.

Ich hoffe, dass Sie einmal nach Deutschland kommen, so dass auch ich Sie empfangen kann. Vielleicht ist der Bildband über unsere Stadt ein Anreiz für Sie, hier bald einmal Ihren Urlaub zu verbringen?

Meine Eltern schließen sich meinem Dank und meinen besten Wünschen an.

Ihr(e)

52. Dank für Gastfreundschaft von Freunden

Chers amis,

Nous avons fait un très bon voyage et nous sommes bien rentrés chez nous.

Les retours de vacances sont toujours un peu tristes surtout quand nous repensons aux belles journées passées chez vous. Nous avons vraiment eu du mal à vous quitter tant votre compagnie était agréable.

Nous gardons un excellent souvenir de l'accueil que vous nous avez réservé et nous espérons que vous voudrez bien nous faire le plaisir, à votre tour, d'être nos hôtes pendant quelques jours. Nous serions tellement heureux de vous recevoir.

En attendant votre visite, nous vous adressons, avec tous nos remerciements, nos amitiés les plus sincères.

ou:

Ma chère Danièle,

Je désire te remercier très sincèrement, ainsi que Guy, de nous avoir préparé un aussi agréable séjour. Cela a été pour nous un grand dépaysement et nous a fait beaucoup de bien, à tous les deux, de partir quelques jours.

Nous espérons que vous viendrez prochainement nous voir, et nous ferons de notre mieux pour vous rendre le séjour agréable.

Recevez, avec nos remerciements, notre très amical souvenir.

Liebe Freunde,

wir haben eine sehr schöne Reise gehabt und sind gut wieder zu Hause angekommen.

Die Rückkehr aus den Ferien stimmt immer etwas traurig, vor allem wenn wir an die schönen Tage zurückdenken, die wir bei euch verbracht haben. Der Abschied ist uns sehr schwer gefallen, weil Ihr euch so um uns bemüht habt und wir uns bei euch ganz besonders wohl gefühlt haben.

Wir erinnern uns gern an die Aufnahme, die wir bei euch fanden, und wir hoffen, dass ihr uns bald die Freude machen werdet, für einige Tage zu uns zu kommen. Wir würden uns darüber wirklich sehr freuen.

Wir erwarten also euren Besuch, bedanken uns nochmals bei euch und senden euch unsere herzlichsten Grüße.

oder:

Meine liebe Danièle,

ich möchte dir und Guy sehr herzlich dafür danken, dass ihr uns bei euch aufgenommen und uns einen so angenehmen Aufenthalt bereitet habt. Es war für uns eine willkommene Abwechslung und hat uns beiden gut getan, einmal für ein paar Tage fort zu sein.

Wir hoffen, dass ihr uns bald besucht, und wir werden unser Bestes tun, um auch euch den Aufenthalt so angenehm wie möglich zu gestalten.

Mit nochmaligem Dank und allen guten Wünschen für euch beide

53. Dank bei Rücksendung eines geliehenen Buches

Mon cher ami,

Je vous adresse avec cette lettre l'exemplaire de «Manon Lescaut» que je vous avais emprunté.

Vous avez été vraiment gentil de me prêter ce livre aussi longtemps, et je vous en remercie.

Inutile de vous dire que ma bibliothèque est à votre disposition et que je me ferai un plaisir de vous prêter ce que vous voudrez, quand vous en aurez besoin.

Croyez, cher ami, à mes sentiments les meilleurs.

Mein lieber Freund,

zusammen mit diesem Brief sende ich Ihnen das Exemplar der «Manon Lescaut» zurück, das ich mir von Ihnen geliehen hatte.

Es war wirklich liebenswürdig von Ihnen, mir dieses Buch so lange Zeit zu leihen, und ich bin Ihnen dafür sehr dankbar.

Ich brauche Ihnen wohl nicht zu sagen, dass Ihnen meine Bibliothek zur Verfügung steht und dass ich mich freuen würde, wenn Sie sich Bücher auswählen kommen, wann immer Sie sie brauchen.

Mit besten Grüßen

54. Dank für ein Geschenk
(s. Brief 35)

Chère Madame,

J'ai été très agréablement surprise en recevant le beau foulard que vous m'avez envoyé. Vous êtes vraiment trop aimable et je ne sais comment vous remercier. Cette attention m'a infiniment touchée et j'aurais voulu pouvoir vous remercier de vive voix.

Veuillez croire, chère Madame, à mes sentiments respectueux.

Sehr geehrte Frau Bergé,

ich war sehr angenehm überrascht, als ich das schöne Tuch erhielt, das Sie mir geschickt haben. Es war wirklich sehr liebenwürdig von Ihnen, und ich weiß nicht, wie ich Ihnen danken soll. Diese Aufmerksamkeit hat mich sehr gerührt, und ich hätte Ihnen gern persönlich dafür gedankt.

Mit den besten Grüßen

55. Dank für ein Hochzeitsgeschenk an einen Freund

Mon cher Pierre,

C'est extrêmement gentil de ta part de nous faire un si magnifique cadeau de

Lieber Pierre,

es war furchtbar nett von dir, uns ein so wunderbares Hochzeitsgeschenk zu

mariage. Nous nous réjouissons déjà à la pensée de servir le café dans tes belles tasses. Une fois de plus, tu as fait preuve de bon goût et de générosité. Merci infiniment de ce beau cadeau!

Nous espérons te revoir bientôt pour avoir, avant tout, l'occasion d'inaugurer ce joli service avec toi! Téléphone-nous simplement pour nous dire quand tu auras le temps de venir nous voir.

Avec notre amical souvenir,

machen! Wir freuen uns schon darauf, Kaffee in deinen schönen Tassen zu servieren. Du hast damit wieder einmal deinen guten Geschmack und deine Großzügigkeit bewiesen. Wir danken dir vielmals für dieses schöne Geschenk!

Wir hoffen, dich bald wieder zu sehen, vor allem um dieses hübsche Service mit dir einzuweihen! Ruf uns doch bitte an und sag uns, wann du Zeit hast.

Mit herzlichen Grüßen

56. Dank für Hilfe nach einem Unfall

Chère Madame,

Je m'empresse de vous remercier, vous et votre mari, de l'amitié que vous nous avez manifestée la semaine dernière. Vous avez été vraiment extraordinaires et si vous n'étiez pas venus, nous nous serions difficilement remis de notre grave accident.

Veuillez recevoir, chère Madame, l'expression de notre gratitude et de notre sincère amitié.

Sehr geehrte Frau Dumontier,

ich möchte mich bei Ihnen und Ihrem Mann für die Freundlichkeit bedanken, die Sie uns in der letzten Woche erwiesen haben. Sie waren wirklich sehr hilfsbereit, und wären Sie nicht gewesen, so hätten wir uns nicht so schnell von unserem schweren Unfall erholt.

Mit freundlichen Grüßen und nochmals vielem Dank

Ihr

57. Entschuldigung wegen verspäteter Beantwortung eines Briefes infolge einer Reise
(s. Brief 34)

Chère Madame,

Je vous présente toutes mes excuses pour répondre aussi tardivement à votre lettre du 15 mai dernier, mais j'en ai seulement pris connaissance aujourd'hui

Sehr geehrte Frau Bellefond,

es tut mir Leid, dass ich so spät auf Ihren Brief vom 15. Mai antworte, aber ich habe ihn erst heute bei der Rückkehr von meiner Reise vorgefunden. Ich

à mon retour de voyage. Je vais m'occuper prochainement de l'affaire dont vous me parlez et je vous écrirai bientôt mes conclusions.

Veuillez agréer, chère Madame, mes sincères salutations.

werde mich in den nächsten Tagen um die Angelegenheit kümmern, von der Sie sprechen, und werde Ihnen bald das Ergebnis mitteilen.

Mit freundlichen Grüßen

58. Dasselbe infolge vieler Arbeit
(s. Brief 34)

Chère Gisèle,

Il y a une éternité que je veux t'écrire, mais j'ai actuellement tant de travail que je n'ai pas trouvé une minute pour répondre à ta dernière lettre. Cela ne veut pas dire pour autant que je t'ai oubliée. J'espère avoir terminé ce travail urgent à la fin du mois. Je prendrai alors le temps de t'écrire plus longuement.

Avec encore toutes mes excuses, je t'envoie mon meilleur souvenir.

Liebe Gisèle,

ich will dir schon seit einer Ewigkeit schreiben, aber ich habe zurzeit so viel zu tun, dass ich nicht eine Minute fand, um deinen letzten Brief zu beantworten. Das bedeutet aber nicht, dass ich dich vergessen habe. Ich hoffe, dass ich diese dringende Arbeit zum Ende des Monats erledigt haben werde. Dann werde ich mir die Zeit nehmen, dir ausführlicher zu schreiben.

Entschuldige bitte nochmals!

Herzliche Grüße

59. Dasselbe infolge Krankheit
(s. Brief 34)

Cher Roland,

Il faut que je te présente toutes mes excuses pour ne pas avoir répondu à ta dernière lettre, mais je viens tout juste de rentrer de l'hôpital où j'ai subi une petite intervention, heureusement sans gravité. Je me remets assez rapidement et j'espère pouvoir t'écrire bientôt une lettre plus détaillée.

En attendant, je t'adresse mon cordial souvenir ainsi qu'à toute ta famille.

Lieber Roland,

entschuldige bitte, dass ich deinen letzten Brief nicht beantwortet habe, aber ich bin gerade aus dem Krankenhaus gekommen, wo ein kleiner, zum Glück harmloser Eingriff vorgenommen werden musste. Ich erhole mich ziemlich schnell und hoffe, dir bald einen ausführlichen Brief schreiben zu können.

Bis dahin herzliche Grüße, auch an deine Familie,

60. Entschuldigung wegen Nichteinhaltung einer Verabredung

Cher Denis,

Je pense que tu dois être furieux contre moi parce que je n'ai pas pu me rendre hier à notre rendez-vous. J'espère seulement que tu n'as pas attendu trop longtemps. J'ai tout essayé pour te contacter, mais je n'ai malheureusement pas pu te joindre. J'ai téléphoné à ton bureau, mais tu étais déjà parti et chez toi, on m'a dit que tu ne rentrerais que le soir.

Je n'ai pas pu venir en raison de la visite imprévue d'un grand patron qui nous a convoqués à une réunion. Nous y sommes tous allés en faisant la moue et nous n'en sommes sortis que vers minuit: tu parles d'une partie de plaisir!

Encore une fois toutes mes excuses: peut-être pourrions-nous nous rencontrer un autre soir, que dirais-tu de jeudi prochain? J'attends de tes nouvelles.

Amicalement,

Lieber Denis,

ich kann mir denken, dass du wütend auf mich bist, weil ich gestern nicht zu unserer Verabredung gekommen bin; ich hoffe nur, du hast nicht zu lange gewartet. Ich habe alles versucht, mich mit dir in Verbindung zu setzen, aber ich konnte dich nicht erreichen. Ich habe in deinem Büro angerufen, aber du warst schon weg, und bei dir zu Hause sagte man mir, du kämest erst spät am Abend zurück.

Der Grund, weshalb ich nicht gekommen bin, ist, dass ein hohes Tier unverhofft unsere Firma besuchte und uns ohne Vorankündigung zu einer Sitzung gerufen hat. Wohl oder übel mussten wir alle hingehen. Von Vergnügen rede ich lieber nicht: Die Sitzung ging bis Mitternacht!

Entschuldige nochmals; vielleicht können wir uns an einem anderen Abend treffen, was hältst du von nächstem Donnerstag?

Lass bald von dir hören.

Herzlichst

61. Entschuldigung wegen vergeblichen Besuches

Chère Madame,

Je regrette infiniment que nous n'ayons pu nous voir hier. Je pensais être rentrée plus tôt, mais un contretemps m'a retardée.

Si cela vous convient, je vous propose de venir prendre le thé chez moi, mercredi prochain, vers 4 heures et demie.

Liebe Frau Duvivier,

ich habe es sehr bedauert, dass wir uns gestern verpasst haben. Ich hatte gedacht, ich würde früher nach Hause kommen, aber ich wurde aufgehalten.

Wenn es Ihnen recht ist, würde ich Sie gern für nächste Woche Mittwoch, gegen 16.30 Uhr, zum Tee bei mir einladen. Ich würde mich sehr freuen, Sie

49

Je serais heureuse de vous revoir et d'avoir des nouvelles de toute votre famille.

Comme nous allons bien bavarder!

Amicalement

wieder zu sehen und etwas von Ihrer Familie zu hören.

Wir können dann ausgiebig miteinander plaudern.

Herzliche Grüße
Ihre

62. Verschiebung eines Besuches
(s. Brief 49)

Chère Marguerite,

Je faut que je t'annonce que je ne pourrai pas venir à Colmar, la semaine prochaine. Je le regrette profondément, mais j'ai appris hier soir que ma mère est tombée malade. Je devrai malheureusement rentrer à la maison pour m'occuper d'elle.

Téléphone-moi pour que nous trouvions une autre date.

Avec tous mes regrets, crois à mon amical souvenir.

Liebe Marguerite,

ich muss dir mitteilen, dass ich nächste Woche nicht nach Colmar kommen kann. Es tut mir schrecklich Leid, aber gestern Abend habe ich erfahren, dass meine Mutter krank ist. Ich werde leider nach Hause fahren müssen, um mich um sie zu kümmern.

Rufe mich an, damit wir einen anderen Termin vereinbaren können.

Mit Bedauern und herzlichen Grüßen

63. Empfehlung für einen Deutschen, der Frankreich besuchen will

Cher Monsieur,

Le fils de Monsieur Paulus, un de mes meilleurs amis, a l'intention de passer quelques mois à Paris pour perfectionner son français. Comme il ne connaît personne dans la capitale, je me permets de m'adresser à vous: vous serait-il possible de l'inviter de temps en temps ou peut-être de le présenter à quelques-uns de vos amis pour qu'il ne se sente pas trop seul? Son père et lui vous en seraient extrêmement reconnaissants.

Sehr geehrter Herr Martin,

der Sohn von Herrn Paulus, einem guten Freund von mir, wird für einige Monate nach Paris kommen, wo er sein Französisch vervollkommnen möchte. Da der Junge niemanden in der Hauptstadt kennt, erlaube ich mir, mich an Sie zu wenden: Wäre es Ihnen möglich, ihn ab und zu einzuladen und ihn eventuell einigen Ihrer Freunde vorzustellen, damit er sich nicht allzu einsam fühlt? Sowohl er als auch sein Vater wären Ihnen dafür außerordentlich dankbar.

Bernhard est un garçon sympathique et intelligent qui s'intéresse à beaucoup de choses, en particulier à la musique, et c'est ce qui me fait penser que vous pourriez bien vous entendre.

Avez-vous prévu de venir me rendre visite prochainement? Il y a si longtemps que nous ne nous sommes pas vus! En attendant, je vous adresse tous mes remerciements.

Croyez, cher Monsieur, à mes sentiments bien amicaux.

Bernhard ist ein sympathischer und intelligenter Junge; er interessiert sich für viele Dinge, vor allem für Musik, und daher könnte ich mir denken, dass Sie sich gut verstehen werden.

Wann kommen Sie mich wieder einmal besuchen? Wir haben uns schon so lange nicht mehr gesehen!

Vorläufig danke ich Ihnen im Voraus und grüße Sie herzlich.

Ihr

64. Dank für eine Empfehlung

Cher Monsieur,

Je ne sais comment vous remercier de m'avoir présenté à Madame Lucas. Depuis notre première rencontre, nous nous sommes souvent revus, nous sommes allés ensemble au concert et elle m'a invité plusieurs fois chez elle à dîner. Elle est vraiment très sympathique et nous partageons les mêmes intérêts. Par son intermédiaire, j'ai eu aussi la chance de faire la connaissance de gens très intéressants et je n'ai pas du tout souffert de la solitude.

En vous remerciant encore infiniment de m'avoir fait connaître une personne aussi gentille que Madame Lucas, je vous prie de croire, cher Monsieur, à l'expression de mes sentiments respectueux.

Sehr geehrter Herr Baudoin,

ich weiß nicht, wie ich Ihnen dafür danken soll, dass Sie mich Frau Lucas vorgestellt haben. Seit unserer ersten Begegnung haben wir uns häufig wieder gesehen, gemeinsam Konzerte besucht und mehr als einmal bin ich bei ihr im Haus zum Abendessen gewesen. Sie ist wirklich eine sehr sympathische Frau, und offenbar teilen wir viele Interessen. Durch sie habe ich das Glück gehabt, auch andere sehr interessante Menschen kennen zu lernen und überhaupt nicht unter Einsamkeit gelitten.

Ich danke Ihnen nochmals, dass Sie es mir ermöglicht haben, einen so netten Menschen wie Frau Lucas kennen zu lernen, und ich bin

mit ergebensten Grüßen

65. Einladung nach einer Empfehlung

Chère Mademoiselle,

Mon amie Geneviève Bernard vient de me signaler que vous alliez être à Paris au cours des prochains mois. Je me ferai un plaisir de vous aider dans la mesure de mes possibilités et de vous servir de guide si vous le souhaitez.

Ne connaissant pas votre emploi du temps, veuillez, je vous prie, me téléphoner pour que nous puissions convenir d'une date. Que diriez-vous par exemple d'un dimanche? Je pourrais vous montrer le centre-ville, et nous rentrerions déjeuner à la maison. Mes parents ont hâte de faire votre connaissance.

Dans l'attente de votre coup de téléphone, je vous prie de croire, chère Mademoiselle, à l'assurance de mes sentiments les meilleurs.

Sehr geehrtes Fräulein Martin,

meine Freundin Geneviève Bernard hat mir gerade mitgeteilt, dass Sie die nächsten Monate in Paris sein werden. Es wäre mir ein Vergnügen, Ihnen behilflich zu sein, soweit ich kann, oder Sie zu begleiten, wenn Sie es wünschen.

Da ich Ihren Zeitplan nicht kenne, würde ich Sie bitten mich anzurufen, damit wir uns darüber einigen können, wann es Ihnen am besten passt. Wie wäre es z. B. mit einem Sonntag? Wir könnten einen Spaziergang durch die Innenstadt machen und danach kämen Sie mit mir nach Hause zum Essen. Meine Eltern möchten Sie unbedingt kennen lernen.

In Erwartung Ihres Anrufs grüße ich Sie herzlich

66. Anfrage wegen Anschrift eines Brieffreundes

Monsieur le Directeur,

Je vous serais extrêmement reconnaissant de bien vouloir me communiquer l'adresse d'un jeune Français ou d'une jeune Française qui aimeraient correspondre avec moi.

J'ai 15 ans, j'habite à Nuremberg. Mon père est professeur et j'ai une sœur plus jeune que moi. J'apprends le français en seconde langue vivante, mais comme nous passons toujours nos vacances d'été en France, je suis déjà capable d'écrire des lettres en français. Mes passe-temps favoris sont le sport,

Sehr geehrter Herr Direktor,

ich wäre Ihnen sehr dankbar, wenn Sie so freundlich wären, mir die Adresse eines französischen Jungen oder Mädchens mitzuteilen, die mit mir korrespondieren möchten.

Ich bin 15 Jahre alt und lebe in Nürnberg. Mein Vater ist Studienrat und ich habe noch eine jüngere Schwester. Ich lerne Französisch als zweite Fremdsprache, aber da wir unsere Sommerferien immer in Frankreich verbringen, bin ich bereits in der Lage, einen französischen Briefwechsel zu führen. Meine Hobbys sind Sport, vor allem Schwimmen, alles,

en particulier la natation, tout ce qui touche à l'astronautique et les romans d'aventure.

J'espère que vous pourrez me procurer l'adresse d'un jeune de mon âge, garçon ou fille, qui voudrait correspondre avec moi en français ou en allemand.

Je vous remercie d'avance de votre amabilité et vous prie d'agréer, Monsieur le Directeur, mes salutations respectueuses.

was mit Astronautik zu tun hat, und Abenteuerromane.

Ich hoffe, Sie können mir die Adresse von einem Jungen oder einem Mädchen meines Alters mitteilen, die gern mit mir auf Französisch oder Deutsch korrespondieren würden.

Ich danke Ihnen im Voraus für Ihre Mühe und bin

mit freundlichen Grüßen

67. Anfrage wegen Aufnahme in einer Familie

Chère Madame,

L'Institut Français de Munich m'a donné votre adresse me signalant que vous seriez prête à accueillir ma fille comme hôte payant pendant les prochaines vacances.

Alexandra a 16 ans, elle apprend le français depuis un an et demi à l'école et a suivi également avec une amie des cours à l'Institut Français. Elle comprend assez bien le français et arrive à se faire comprendre. Ce qu'elle voudrait avant tout, c'est parler et se familiariser avec la vie en France.

Nous avons 3 enfants, la plus âgée a 19 ans, le garçon 13 ans. Depuis quelques années, Alexandra fait du baby-sitting et a donc l'habitude des enfants. Comme j'aide mon mari dans son cabinet dentaire, elle me donne aussi un coup de main dans les travaux du ménage.

Si vous aviez la gentillesse d'accueillir ma fille dans votre famille, je vous serais extrêmement reconnaissante de

Sehr geehrte Frau Legendre,

das französische Kulturinstitut in München hat mir Ihre Adresse vermittelt und mir mitgeteilt, dass Sie bereit wären, meine Tochter während der nächsten Ferien als zahlenden Gast aufzunehmen.

Alexandra ist 16 Jahre alt und lernt seit eineinhalb Jahren Französisch in der Schule, aber sie hat vorher schon mit einer Freundin einen Kurs im französischen Kulturinstitut besucht und kann deshalb relativ gut Französisch verstehen und sich verständlich machen. Woran sie am meisten interessiert ist, ist Französisch zu sprechen und das Leben in Frankreich kennen zu lernen.

Wir haben drei Kinder, die Älteste ist 19 Jahre alt und der Jüngste 13. Seit einigen Jahren macht Alexandra Babysitting und ist daher an den Umgang mit Kindern gewöhnt. Außerdem ist sie wegen meiner Beschäftigung in der Zahnarztpraxis meines Mannes daran gewöhnt, im Haushalt mitzuhelfen.

Wenn Sie die Freundlichkeit hätten, meine Tochter in Ihrer Familie aufzu-

bien vouloir me le faire savoir assez rapidement pour que nous puissions nous mettre d'accord sur les conditions.

Dans l'attente de votre réponse, je vous prie de croire, Madame, à l'assurance de mes sentiments distingués.

nehmen, wäre ich Ihnen außerordentlich dankbar, wenn Sie mir dies so bald wie möglich mitteilen wollten, damit wir uns über die Bedingungen verständigen können.

Ich erwarte gern Ihre Antwort.

Mit freundlichen Grüßen

68. Anfrage wegen Schüleraustausch (1)

Chère Madame,

Des amis communs, la famille Beaujour, nous ont laissé entendre que votre fille (je crois qu'elle s'appelle Anne) serait intéressée par un échange avec notre fille Regine âgée de 17 ans qui fait du français depuis 3 ans. Comme elle n'a que peu d'occasions de pratiquer cette langue, elle serait très intéressée par un séjour en France, de préférence dans une famille.

En ce qui nous concerne, nous serions très heureux de pouvoir accueillir en retour votre fille chez nous. Ce serait pour elle l'occasion de parler allemand.

Si notre proposition d'échange vous intéresse, veuillez nous communiquer les dates qui vous conviennent pour que nous puissions nous organiser en conséquence.

Dans l'attente de vous lire, je vous prie de croire, chère Madame, à l'assurance de mes sentiments distingués.

Sehr geehrte Frau Lœuillet,

unsere gemeinsamen Bekannten, die Familie Beaujour, haben uns zu verstehen gegeben, dass Sie an einem Ferienaustausch zwischen Ihrer Tochter (ich glaube, sie heißt Anne) und der unseren interessiert wären. Regine ist 17 Jahre alt und lernt seit 3 Jahren Französisch. Da sie wenig Gelegenheit zum Üben hat, wäre sie sehr an einem Aufenthalt in Frankreich interessiert, vorzugsweise in einer Familie.

Wir würden uns unsererseits sehr freuen, Anne bei uns aufzunehmen und ihr so Gelegenheit zu geben, Deutsch zu sprechen.

Wenn unser Vorschlag für einen Austausch Ihnen zusagt, teilen Sie uns bitte die Daten mit, die Ihnen passen würden, damit wir disponieren können.

In Erwartung Ihrer Nachricht grüße ich Sie herzlich.

69. Anfrage wegen Schüleraustausch (2)

Bureau d'échanges scolaires
30, rue Lhomond
Paris

Mesdames, Messieurs,

Je vous serais extrêmement reconnaissant de bien vouloir me faire parvenir des informations sur les possibilités d'échanges entre des élèves allemands et français. Mon fils, âgé de 16 ans étudie le français à l'école depuis maintenant deux ans et serait très intéressé par un séjour de quelques semaines dans une famille française. De notre côté, nous sommes prêts à accueillir volontiers un élève français désirant se perfectionner en allemand.

Veuillez avoir l'amabilité de nous faire parvenir l'adresse d'une famille intéressée par un tel échange, pour que nous puissions ensemble convenir des modalités.

Dans l'attente de votre réponse, nous vous prions d'agréer, Mesdames, Messieurs, l'expression de nos sentiments distingués.

Sehr geehrte Damen und Herren,

hiermit möchte ich Sie bitten, mir Informationen über die Möglichkeit eines Austausches zwischen deutschen und französischen Schülern zu schicken. Mein Sohn, 16 Jahre alt, lernt seit 2 Jahren Französisch in der Schule und hätte größtes Interesse daran, einige Wochen in einer französischen Familie zu verbringen. Unsererseits wären wir gern bereit, einen französischen Schüler bei uns aufzunehmen, der sein Deutsch verbessern möchte.

Wir wären Ihnen sehr dankbar, wenn Sie uns die Adresse einer geeigneten Familie vermitteln könnten, damit wir uns über die Einzelheiten des geplanten Austauschs verständigen können.

In Erwartung Ihrer Antwort verbleiben wir

mit freundlichen Grüßen

70. Einleitender Brief (Schüleraustausch)

Monsieur,

Je suis un ami de M. Baumann qui m'a récemment confié au cours d'une conversation que vous désireriez envoyer votre fils en Allemagne pendant un certain temps.

J'ai moi-même un fils de quinze ans qui aimerait faire bientôt un séjour en France pour améliorer son français.

Sehr geehrter Herr Fournier,

Herr Baumann, den Sie auch gut kennen, ist ein Freund von mir. Kürzlich hat er mir während eines Gespräches mitgeteilt, dass Sie Ihren Sohn gern für einige Zeit nach Deutschland schicken möchten.

Ich habe auch einen fünfzehnjährigen Sohn, der gern bald einmal nach Frank-

55

D'après ce que m'a dit M. Baumann, qui a d'ailleurs dû vous contacter entretemps, je crois que nos deux familles pourraient facilement pratiquer un échange.

Je vous serais très reconnaissant de bien vouloir me dire si vous voulez donner suite à ce projet.

En espérant une réponse favorable de votre part, je vous prie d'agréer, Monsieur, mes sincères salutations.

reich kommen möchte, um sein Französisch zu verbessern.

Nach dem, was mir Herr Baumann erzählt hat (er hat Ihnen inzwischen sicher geschrieben), glaube ich, dass unsere beiden Familien ohne Probleme einen Austausch machen könnten.

Ich wäre Ihnen sehr dankbar, wenn Sie mir mitteilen würden, ob Sie an diesem Vorschlag interessiert sind.

In Erwartung einer positiven Antwort Ihrerseits bin ich

mit den besten Grüßen

71. Dankschreiben einer deutschen an eine französische Familie
(s. Brief 67)

Chère Madame, cher Monsieur,

Notre petite Helga est rentrée depuis quelques jours absolument enchantée de son séjour en France. Naturellement nous avons été très heureux de la revoir. De son côté, elle semble un peu regretter de ne plus être chez vous. Nous ne saurions dire à quel point nous vous sommes reconnaissants de votre bon accueil. Il faut entendre Helga parler de vous.

Helga a trouvé chez vous beaucoup d'affection et vous lui avez donné des conseils utiles. Ses progrès en français nous ont agréablement surpris. Elle parle déjà de son prochain voyage en France et du plaisir qu'elle aura à vous revoir.

En vous assurant de toute notre gratitude, nous vous prions de croire à l'expression de notre sincère amitié.

Sehr geehrte Frau Hervier,
Sehr geehrter Herr Hervier,

unsere Tochter Helga ist vor einigen Tagen ganz begeistert von ihrem Aufenthalt in Frankreich zurückgekehrt. Wir waren natürlich sehr froh sie wieder zu sehen. Helga scheint etwas traurig zu sein, dass sie nicht mehr bei Ihnen ist. Wir können Ihnen gar nicht sagen, wie dankbar wir Ihnen sind, dass Sie sie so freundlich aufgenommen haben. Sie müssten hören, wenn Helga von Ihnen spricht.

Helga hat bei Ihnen wertvolle Ratschläge und aufrichtige Zuneigung gefunden. Ihre Fortschritte in Französisch haben uns angenehm überrascht. Sie spricht schon von ihrer nächsten Reise nach Frankreich und von der Freude Sie wieder zu sehen.

Wir danken Ihnen nochmals sehr und verbleiben

mit freundlichen Grüßen

56

72. Bewerbung um eine Aupairstellung

Chère Madame,

Je viens de lire votre annonce dans le journal «Die Zeit». Je suis très intéressée par l'emploi de jeune fille au pair que vous proposez.

J'ai 19 ans, mon père est juriste dans une grande entreprise et ma mère enseignante. Je viens juste de passer mon bac. J'apprends le français depuis maintenant cinq ans et j'ai l'intention de poursuivre des études de langues à l'université. C'est pourquoi je suis tout particulièrement intéressée par un séjour en France où j'aimerais rester environ six mois.

J'ai une certaine expérience des enfants pour avoir souvent fait du baby-sitting. Je suis prête à vous aider dans les tâches du ménage contre de l'argent de poche comme vous le dites dans votre annonce. J'attache également une grande importance à pouvoir suivre des cours et à avoir la possibilité de sortir parfois le soir.

Si la place est encore libre, je vous serais extrêmement reconnaissante de bien vouloir me faire connaître avec plus de précision vos conditions et la date à laquelle vous aimeriez que je vienne. Naturellement je suis en mesure de vous fournir toutes les références que vous souhaiteriez.

Dans l'attente de votre réponse, je vous prie de croire, chère Madame, à l'expression de mes sentiments distingués.

Sehr geehrte Frau Benoît,

ich habe Ihre Anzeige in der «Zeit» gelesen und bin an der von Ihnen angebotenen Aupairstelle sehr interessiert.

Ich bin 19 Jahre alt, mein Vater ist Jurist in einer großen Firma und meine Mutter ist Lehrerin.

Ich habe gerade mein Abitur gemacht. Ich hatte fünf Jahre Französisch und habe vor, das Sprachstudium an der Universtität fortzusetzen. Deswegen bin ich an einem Aufenthalt in Frankreich besonders interessiert; ich möchte ca. sechs Monate dort bleiben.

Mit Kindern habe ich schon einige Erfahrung, da ich mich oft als Babysitterin betätigt habe. Ich helfe auch gern im Haushalt, gegen ein Taschengeld, wie von Ihnen in der Anzeige erwähnt. Wichtig ist für mich dabei auch, dass ich Zeit habe Kurse zu besuchen und die Möglichkeit, manchmal abends auszugehen.

Sollte die Stelle noch frei sein, wäre ich Ihnen außerordentlich dankbar, wenn Sie mir die näheren Bedingungen sowie den Zeitraum, den Sie für mein Kommen vorsehen, mitteilen würden. Selbstverständlich kann ich beste Referenzen vorweisen, wenn Sie es wünschen.

In Erwartung Ihrer Antwort verbleibe ich

mit freundlichen Grüßen

73. An ein Vermittlungsbüro oder eine Organisation

Mesdames, Messieurs,

Je vous serais extrêmement reconnaissante de bien vouloir me faire parvenir des adresses de familles habitant de préférence à Paris ou dans la région parisienne qui cherchent une jeune fille au pair à partir de la rentrée.

J'aimerais rester six mois en France, et j'ai une grande expérience des enfants.

Si vous connaissez des familles intéressées, veuillez me mettre en contact avec elles.

Avec mes remerciements anticipés, je vous prie d'agréer, Mesdames, Messieurs, l'expression de mes salutations distinguées.

Sehr geehrte Damen und Herren,

ich wäre Ihnen außerordentlich dankbar für die Übersendung einiger Adressen von Familien, vorzugsweise in Paris oder Umgebung, die ab September ein Aupairmädchen benötigen.

Ich habe die Absicht, sechs Monate in Frankreich zu bleiben, und habe viel Erfahrung im Umgang mit Kindern.

Sollten Sie Familien kennen, die Interesse haben, wäre ich Ihnen sehr dankbar, wenn Sie mich mit ihnen in Verbindung bringen könnten.

Vielen Dank im Voraus für Ihre Bemühungen.

Mit freundlichen Grüßen

II. Briefe geschäftlichen Inhalts

74. Stellung als Sekretärin gesucht

Mesdames, Messieurs,

Depuis peu j'ai terminé mes études de secrétaire et je désirerais vivement travailler à l'étranger, de préférence en France. J'aimerais savoir si une place sera prochainement vacante dans votre entreprise.

Veuillez trouver ci-joint mon curriculum vitae avec les copies de mes diplômes en bureautique et sténo-dactylo, ainsi que mes diplômes de français, d'anglais et d'espagnol.

Je regrette beaucoup que l'éloignement ne me permette pas de me présenter personnellement, mais je suis prête à vous fournir toutes les attestations, les références et les autres renseignements que vous jugeriez utiles.

Dans l'espoir que vous voudrez bien considérer ma candidature avec bienveillance, je vous prie d'agréer, Mesdames, Messieurs, mes respectueuses salutations.

Sehr geehrte Damen und Herren,

ich habe kürzlich meine Ausbildung als Sekretärin beendet und würde sehr gern im Ausland, vorzugsweise in Frankreich, arbeiten. Ich wüsste gern, ob es wahrscheinlich ist, dass in Ihrer Firma in naher Zukunft eine Stelle frei wird.

Anbei erhalten Sie meinen Lebenslauf mit Kopien meiner Zeugnisse in EDV, Kurzschrift, Maschineschreiben sowie in Französisch, Englisch und Spanisch.

Ich bedaure, dass die Entfernung es schwierig macht, mich persönlich vorzustellen, aber ich würde Ihnen gern weitere Unterlagen einreichen, Referenzen angeben und jede andere Auskunft erteilen, die Sie für erforderlich halten.

In der Hoffnung, dass meine Bewerbung Ihre wohlwollende Beachtung findet, verbleibe ich

hochachtungsvoll

75. Bewerbung (mit Lebenslauf)

Monsieur le Directeur,

Me référant à l'annonce parue dans «Le Monde» d'hier soir, j'ai l'honneur de présenter (*ou:* de poser) ma candidature au poste de ... actuellement vacant dans votre entreprise.

A cet effet, veuillez trouver ci-joint mon curriculum vitae. Les maisons

Sehr geehrter Herr Direktor,

ich beziehe mich auf das Inserat in «Le Monde» von gestern und bewerbe mich um die zurzeit freie Stelle als ... in Ihrer Firma.

Hierzu lege ich meinen Lebenslauf bei. Die darin erwähnten Firmen werden Ihnen gern nähere Auskünfte über mich

citées vous fourniront volontiers des renseignements détaillés sur ma personne et mon expérience professionnelle.

Je suis encore employée chez M. Alois Heber en qualité de secrétaire correspondancière d'allemand et d'anglais, mais désirant approfondir mes connaissances de français commercial, je serais très heureuse de trouver une place à Paris.

M. Heber connaît les raisons de mon départ et se tient à votre disposition pour vous fournir tous les renseignements que vous voudrez lui demander sur moi.

Je suis à votre disposition au cas où vous souhaiteriez me rencontrer.

Dans l'espoir d'une réponse favorable, je vous prie d'agréer, Monsieur le Directeur, mes respectueuses salutations.

P. J. 1 curriculum vitae

und meine beruflichen Erfahrungen geben.

Ich bin zz. noch bei Herrn Alois Heber als Korrespondentin für Deutsch und Englisch beschäftigt, möchte aber sehr gern eine Stellung in Paris antreten, um meine Kenntnisse in der französischen Handelssprache zu vertiefen.

Herr Heber kennt die Gründe für mein Ausscheiden und steht Ihnen mit allen Auskünften, die Sie über mich einholen möchten, zur Verfügung.

Zu einem persönlichen Gespräch bin ich auf Wunsch gern bereit.

In der Hoffnung, eine positive Antwort zu erhalten, empfehle ich mich Ihnen

hochachtungsvoll

Anlage
1 Lebenslauf

Curriculum vitae

Mademoiselle Marlies Schneider
née le 12 juin 1968 à Berlin
parents allemands
reçue au baccalauréat en 1987
1988 à 1989 Etudes à l'école de Commerce de Berlin
Mars 1989: Diplôme de fin d'études

Employeurs:
1) Depuis février 91: Alois Heber - Cologne
2) Mai 90 à janvier 91: Rufino Martínez - Madrid
3) Octobre 89 à avril 90: Schmidt & Co. - Hanovre
4) Mai à septembre 89: Brown - Londres

Tabellarischer Lebenslauf

Name: Marlies Schneider, ledig
Geburtstag: 12. 6. 1968
deutsche Eltern
Geburtsort: Berlin
Schulbildung: 1987 Abitur
1988 bis 1989: Ausbildung an der Kaufmännischen Handelsschule Berlin
März 1989: Abschlussprüfung

Bisherige Tätigkeiten:
1) Seit Februar 1991: Alois Heber - Köln
2) Mai 1990 bis Januar 1991: Rufino Martínez - Madrid
3) Oktober 1989 bis April 1990: Schmidt & Co. Hannover
4) Mai bis September 1989: Brown - London

76. Stellung als Auslandskorrespondentin gesucht

Mesdames, Messieurs,

Votre annonce parue aujourd'hui dans «Le Figaro» a retenu mon attention. Je me permets donc de poser ma candidature au poste de secrétaire trilingue.

J'ai 24 ans et je suis employée depuis trois ans dans la maison Müller et Meier GmbH. de Stuttgart. Je suis responsable des factures, des documents de douane et de la correspondance en allemand, français et en espagnol, et j'aimerais maintenant élargir en France mon expérience en ce domaine.

Veuillez trouver en annexe mon curriculum vitae ainsi que des copies de mes diplômes. Mon patron actuel, M. Helmut Müller, se fera un plaisir de vous fournir d'autres informations me concernant.

Dans l'espoir que vous voudrez bien considérer ma candidature avec bienveillance, je vous prie d'agréer, Mesdames, Messieurs, mes respectueuses salutations.

P.J.: curriculum vitae
 photo
 copies de diplômes

Sehr geehrte Damen und Herren,

ich beziehe mich auf Ihre Annonce in der heutigen Ausgabe des «Figaro» und möchte mich hiermit um die Stelle der dreisprachigen Sekretärin bewerben.

Ich bin 24 Jahre alt und seit drei Jahren bei der Firma Müller und Meier GmbH in Stuttgart beschäftigt. In dieser Position bin ich für Rechnungen und Zollpapiere sowie für die Korrespondenz in Deutsch, Französisch und Spanisch verantwortlich und würde jetzt gern meine Erfahrungen auf diesem Arbeitsgebiet in Frankreich erweitern.

Meinen tabellarischen Lebenslauf und Kopien meiner Zeugnisse lege ich bei. Mein jetziger Arbeitgeber, Herr Helmut Müller, ist gern bereit, Ihnen weitere Auskünfte über mich zu erteilen.

In der Hoffnung, dass meine Bewerbung Ihre wohlwollende Beachtung findet, verbleibe ich

mit vorzüglicher Hochachtung

Anlagen
Lebenslauf, Foto
Zeugniskopien

77. Tabellarischer Lebenslauf

Curriculum vitae

Nom: …
Prénom: …
Adresse: …
Lieu de naissance: …
Date de naissance: …

Name: …
Vorname: …
Anschrift: …
Geburtsort: …
Geburtsdatum: …

Nationalité: …	Staatsangehörigkeit: …
Etudes scolaires: …	Schulbildung: …
Formation professionnelle: …	Berufsausbildung: …
Stages pratiques: …	Praktika: …
Postes précédemment occupés *:	Bisherige Tätigkeiten:
19.. à ce jour: …	19.. bis heute: …
19.. à 19..: …	19.. bis 19..: …
19.. à 19..: …	19.. bis 19..: …
Langues étrangères: …	Fremdsprachen: …
Situation de famille: …	Familienstand: …
Objectif: …	Berufsziel: …
Références: …	Referenzen: …

78. Empfehlung für einen jungen Mann, der eine Stellung in Frankreich sucht

Cher Monsieur,

Monsieur Kunz m'a demandé d'appuyer sa démarche auprès de vous, ce que je fais bien volontiers.

ou:

Monsieur Bernhard Kunz vient de me faire savoir qu'il a déposé sa candidature dans votre entreprise et m'a demandé d'appuyer sa démarche auprès de vous, ce que je fais bien volontiers.

Je connais Monsieur Kunz pour l'avoir employé deux ans dans mon entreprise. Il a des qualités exceptionnelles, il est très consciencieux et on peut lui faire entièrement confiance. Il est très travailleur, ses rapports avec ses collègues ont toujours été très bons et il a fait preuve d'un grand intérêt pour tout

Sehr geehrter Herr Weiss,

Herr Kunz hat mich um ein Referenzschreiben gebeten, das ich ihm hiermit gern ausstelle.

oder:

Herr Bernhard Kunz hat mir mitgeteilt, dass er sich um Einstellung in Ihre Firma beworben hat, und mich gebeten, ihm eine Empfehlung zu schreiben, was ich sehr gern tue.

Herr Kunz ist mir bekannt, da er zwei Jahre bei mir angestellt war. Er besitzt ausgezeichnete Charaktereigenschaften, erfüllt stets seine Pflichten und man kann ihm vollstes Vertrauen entgegenbringen. Seine Arbeitseinstellung ließ nichts zu wünschen übrig, seine Kollegialität war stets vorbildlich und er hat jederzeit sein uneingeschränktes Interes-

---

*Allgemein ist es in Frankreich üblich geworden, die bisherigen Tätigkeiten nicht mehr chronologisch, sondern in umgekehrter Reihenfolge (beginnend mit der jetzigen Tätigkeit) aufzulisten.

ce qui touchait à notre entreprise. Il dispose en outre d'excellentes facultés d'organisation et il est toujours prêt à s'engager dans de nouvelles tâches.

C'est avec regret que je me sépare d'un collaborateur aussi capable que Monsieur Kunz, mais c'est également une joie pour moi de pouvoir vous le recommander et de lui souhaiter bonne chance dans la poursuite de sa carrière.

En vous remerciant de ce que vous pourrez faire pour lui, je vous prie d'agréer, cher Monsieur, l'assurance de mes meilleurs sentiments.

se für die Firma gezeigt. Er hat außerdem hervorragende organisatorische Fähigkeiten und ist immer bereit, neue Aufgaben in Angriff zu nehmen.

Ich bedaure, auf einen so fähigen Mitarbeiter verzichten zu müssen, freue mich jedoch, Ihnen Herrn Kunz weiterempfehlen zu können, indem ich ihm nur das Beste für seine berufliche Zukunft wünsche.

Mit Dank im Voraus für alles, was Sie für ihn tun können, grüße ich Sie

hochachtungsvoll

79. Bitte um Auskunft an das Verkehrsamt (Anforderung von Prospekten)

Mesdames, Messieurs,

Ayant l'intention de passer au moins un mois dans la vallée de la Loire pour visiter les châteaux et les principales curiosités, je vous serais très obligé de bien vouloir m'adresser une liste d'hôtels avec les prix par jour et les prix de pension pour un ou deux mois, ainsi qu'une liste des campings du Val de Loire indiquant les prix et conditions de location.

J'aimerais séjourner, en juillet et août, à Tours qui me semble l'endroit idéal pour sillonner la région tourangelle. Voudriez-vous m'envoyer également un plan de la ville, une carte et des dépliants des environs.

En vous remerciant d'avance, je vous prie d'agréer, Mesdames, Messieurs, mes salutations les meilleures.

Sehr geehrte Damen und Herren,

da ich die Absicht habe, mindestens einen Monat im Loire-Tal zu verbringen, um die Schlösser und wichtigsten Sehenswürdigkeiten zu besuchen, wäre ich Ihnen sehr dankbar, wenn Sie mir ein Hotelverzeichnis mit Preisangaben pro Tag und Pensionspreisen für 1 - 2 Monate sowie eine Liste der Campingplätze im «Val de Loire» mit Preisen und Mietbedingungen schicken könnten.

Im Juli und August möchte ich in Tours wohnen, denn diese Stadt scheint mir ideal als Ausgangspunkt für meine Ausflüge zu sein. Daher bitte ich Sie ebenfalls um Übersendung eines Stadtplans sowie einer Karte und Prospekten der Umgebung.

Ich danke Ihnen im Voraus und verbleibe

mit freundlichen Grüßen

80. Bitte um Auskunft an das Verkehrsamt (wegen Ferienwohnung, -haus)

Syndicat d'initiative de Fécamp
76400 Fécamp

An das
Verkehrsamt der Stadt Fécamp
76400 Fécamp

Mesdames, Messieurs,

Sehr geehrte Damen und Herren,

J'aimerais passer mes vacances au mois d'août avec ma famille dans les environs de Fécamp. Je vous serais donc très obligé de m'indiquer des adresses de locations disponibles pendant cette période, chambres meublées ou bungalows. Il nous faut au moins 2 chambres à deux lits, et nous préférerions être près d'une plage.

ich würde gern im August dieses Jahres mit meiner Familie den Urlaub in Ihrer Gegend verbringen und wäre Ihnen dankbar, wenn Sie mir für diese Zeit Angaben machen könnten über Unterkunftsmöglichkeiten, d. h. über verfügbare Zimmer oder Bungalows.

Si vous avez des propositions à nous faire qui correspondent à ce que nous cherchons, veuillez nous faire connaître les conditions de la location et si nous devons verser un acompte.

Wir benötigen wenigstens 2 Doppelzimmer und wären gern in Strandnähe.

Wenn Sie etwas Entsprechendes anbieten können, das unseren Vorstellungen entspricht, teilen Sie uns bitte die Konditionen mit und ob eine Anzahlung erforderlich ist.

Avec nos remerciements anticipés, nous vous prions d'agréer, Mesdames, Messieurs, nos sincères salutations.

Mit bestem Dank im Voraus,

hochachtungsvoll

81. Bitte um Auskunft (Auto im Ausland)

Mesdames, Messieurs,

Sehr geehrte Damen und Herren,

J'ai l'intention de faire un voyage en France au cours de l'été prochain. Pour m'éviter un long trajet en voiture, j'ai pensé prendre l'avion et louer une voiture sur place.

ich möchte im nächsten Sommer eine Reise nach Frankreich unternehmen. Um die lange Autofahrt zu vermeiden, habe ich mir überlegt, mit dem Flugzeug zu kommen und mir an Ort und Stelle einen Wagen zu mieten.

Voudriez-vous avoir l'amabilité de me faire connaître par retour du courrier (par fax ou mèl) les tarifs et conditions de location pour une voiture de gamme moyenne, de préférence une Peugeot ou une Citroën avec toit ouvrant.

Wären Sie bitte so freundlich, mir umgehend (vielleicht per Fax oder E-Mail) die Mietpreise und -bedingungen für Mittelklassewagen mitzuteilen, vorzugsweise für einen Peugeot oder einen Citroën mit Schiebedach.

Si toutefois je décidais de venir avec ma propre voiture, une Audi 100, veuillez m'indiquer s'il est facile de trouver des pièces de rechange et des concessionnaires Audi dans votre région.

En vous remerciant d'avance, veuillez agréer, Mesdames, Messieurs, l'expression de mes sentiments les meilleurs.

P.J.: coupon-réponse international

Falls ich mich doch entschließen sollte, mit meinem eigenen Wagen, einem Audi 100, zu kommen, könnten Sie mir bitte mitteilen, ob man in Ihrer Gegend problemlos Ersatzteile bekommt bzw. Vertragswerkstätten findet.

Ich danke Ihnen im Voraus für Ihre Informationen.

Mit freundlichen Grüßen

Anlage
Internationaler Antwortschein

82. Bitte um Auskunft über Ferienkurse

Secrétariat de l'Université
Cours pour étrangers
10, avenue Carnot
63000 Clermont-Ferrand

Mesdames, Messieurs,

J'aimerais suivre, au mois de septembre prochain, un cours de français pour étrangers dans votre université. Veuillez me faire savoir s'il y a encore des places dans un cours intensif de 4 semaines.

Je vous serais extrêmement reconnaissant de bien vouloir me faire parvenir des informations sur les modalités et les dates limites d'inscription, le descriptif du contenu des cours et les tarifs ainsi que sur les possibilités d'hébergement à Clermont-Ferrand. J'aimerais également savoir s'il y a un examen final permettant d'obtenir un diplôme ou un certificat.

Avec mes remerciements anticipés, je vous prie de croire, Mesdames, Messieurs, à l'expression de mes sentiments distingués.

Sehr geehrte Damen und Herren,

ich möchte gern kommenden September einen Französischkurs für Ausländer an Ihrer Universität belegen und hätte gern gewusst, ob für einen vierwöchigen Intensivkurs noch Plätze frei sind.

Ich wäre Ihnen sehr dankbar für die Zusendung von Informationen über Einschreibetermin, Lehrstoffe und Preise der Kurse sowie über Unterkunftsmöglichkeiten in Clermont-Ferrand.

Außerdem bitte ich um Mitteilung, ob man eine Abschlussprüfung ablegen kann und ob es möglich ist, ein Zeugnis oder ein Zertifikat zu erhalten.

Vielen Dank im Voraus.

Mit freundlichen Grüßen

83. An ein Hotel (Bitte um Auskunft)

Mesdames, Messieurs,

Ayant étudié les listes et prospectus du Syndicat d'Initiative de Tours, j'ai l'intention de faire, avec ma femme et mes deux enfants âgés de 6 et 9 ans, un séjour dans votre hôtel en juillet et août pendant environ 6 semaines.

Je vous serais donc reconnaissant de m'indiquer avec leur tarif les catégories de chambres que vous pourriez me réserver à partir du 15 juillet ainsi que les prix de pension complète et de demi-pension par jour.

Veuillez aussi me spécifier si vos tarifs s'entendent taxes et services compris. Si vous avez un dépliant de votre hôtel, veuillez me l'envoyer le plus tôt possible.

Je vous remercie d'avance et vous prie d'agréer, Mesdames, Messieurs, l'expression de mes sentiments distingués.

Sehr geehrte Damen und Herren,

nach Durchsicht der Verzeichnisse und Prospekte des Verkehrsvereins von Tours habe ich mich entschlossen, im Juli und August für ca. 6 Wochen mit meiner Frau und meinen beiden Kindern, 6 und 9 Jahre alt, in Ihrem Hotel zu wohnen.

Ich wäre Ihnen daher dankbar, wenn Sie mir Angaben über die Art der Zimmer, die Sie ab 15. Juli für mich reservieren könnten, mit Preisen für Voll- und Halbpension pro Tag, machen würden.

Teilen Sie mir bitte auch mit, ob Ihre Preise Mehrwertsteuer und Bedienung mit einschließen. Sofern Sie einen Prospekt über Ihr Hotel haben, bitte ich Sie, mir diesen so schnell wie möglich zu schicken.

Mit bestem Dank im Voraus

und freundlichen Grüßen

84. An ein Hotel (Zimmerbestellung)
(E-Mail)

Mesdames, Messieurs,

Je souhaiterais réserver une chambre d'hôtel pour 3 personnes la nuit du 27-28 mars avec vue sur la mer si possible.

Merci de me confirmer la réservation par mèl ou fax.

A bientôt!

Sehr geehrte Damen und Herren,

Hiermit möchte ich ein Hotelzimmer für 3 Personen für die Nacht vom 27 auf den 28 März reservieren, wenn möglich mit Meeresblick.

Bitte bestätigen Sie die Reservierung per E-Mail oder Fax.

Mit freundlichen Grüßen

85. Abbestellung eines Hotelzimmers

Monsieur le Directeur
de l'Hôtel Ibis
place Coislin
57000 Metz

Direktion Hotel Ibis
place Coislin
F-57000 Metz

Monsieur le Directeur,

Je me faisais un plaisir de venir passer quelques jours en Lorraine pour visiter la belle ville Metz et les environs, malheureusement, par suite de graves ennuis de santé d'un proche parent, je suis contraint d'annuler la réservation des deux chambres prévue pour la période du 15 au 19 juin. Croyez bien que je le regrette sincèrement et que j'espère que ce n'est que partie remise. Je ne sais pas encore s'il nous sera possible de venir ultérieurement cette année. Si c'est le cas, je ne manquerai pas de vous contacter.

Avec toutes mes excuses, je vous prie de croire, Monsieur le Directeur, à l'assurance de mes sentiments distingués.

Sehr geehrter Herr Direktor Müller,

ich hatte eigentlich vor, ein paar Tage in Lothringen zu verbringen, um die schöne Stadt Metz und die Umgebung zu besichtigen. Leider muss ich wegen Krankheit eines Familienmitglieds die Reservierung der beiden Zimmer für die Zeit vom 15. bis 19. Juni rückgängig machen. Das tut mir sehr leid und ich hoffe, den Besuch nachholen zu können. Ich weiß allerdings nicht, ob es noch in diesem Jahr klappen wird. Gegebenenfalls werde ich mich wieder bei Ihnen melden.

Ich bitte Sie um Entschuldigung für die Unannehmlichkeiten.

Mit freundlichen Grüßen

86. Bestätigung einer telefonischen Bestellung

Mesdames, Messieurs,

Par la présente, je vous confirme ma réservation téléphonique d'hier soir: un appartement donnant sur le parc, à partir du 15 juin pour deux semaines, conformément à votre offre du 2 juin.

Dans l'attente de passer d'agréables vacances dans votre région, je vous prie d'agréer, Mesdames, Messieurs, mes salutations distinguées.

Sehr geehrte Damen und Herren,

hiermit bestätige ich Ihnen meine telefonische Bestellung von gestern: ein Appartement Parkseite ab 15. Juni für 2 Wochen laut Ihrem Angebot vom 2. Juni.

Ich freue mich darauf, angenehme Ferien in Ihrer Gegend verbringen zu können, und bin

mit freundlichen Grüßen

87. Mieten einer Wohnung

Mesdames, Messieurs,

Pour les vacances de Pâques, j'ai l'intention de louer un appartement ou une maison à Nice pour ma famille (2 adultes et 3 enfants). J'aimerais de préférence une maison ou un appartement assez spacieux, avec garage ou place de stationnement, situé à proximité du centre et de la plage. Si possible j'aimerais aussi qu'il y ait un supermarché à proximité pour pouvoir faire les courses sans difficultés.

Je vous prie donc de bien vouloir me faire parvenir des dépliants avec des informations détaillées (prix et conditions) sur les locations dans la région.

Dans l'attente de votre réponse, je vous prie de croire, Mesdames, Messieurs, à l'expression de mes sentiments distingués.

Sehr geehrte Damen und Herren,

ich möchte in den Osterferien mit meiner Familie (2 Erwachsene, 3 Kinder) eine Wohnung oder ein Haus in Nizza mieten. Es sollte nicht zu klein sein und eine Garage oder einen Stellplatz haben. Es sollte außerdem nah am Stadtzentrum und am Strand sein. Nach Möglichkeit sollte auch ein Supermarkt in der Nähe sein für unsere Einkäufe.

Deshalb bitte ich Sie, mir ausführliches Prospektmaterial mit Informationen über Ihre Angebote, Preise und Mietbedingungen zukommen zu lassen.

In Erwartung Ihrer Antwort bin ich

mit freundlichen Grüßen

88. Mieten eines Zimmers

Mesdames, Messieurs,

J'ai l'intention de passer 3 mois à Toulouse à partir du 15 septembre, pour poursuivre mes études. Je suis donc à la recherche d'une chambre meublée pas trop chère pour ne pas trop grever mon budget d'étudiant. L'important, c'est que la chambre soit calme, assez confortable et située à proximité de l'université.

Sehr geehrte Damen und Herren,

ich werde mich ab 15. September für drei Monate zu Studienzwecken in Toulouse aufhalten und möchte für diesen Zeitraum ein möbliertes Zimmer mieten. Da ich Student bin, sollte der Preis nicht zu hoch sein. Wichtig ist, dass das Zimmer ruhig, gemütlich und nicht zu weit von der Universität entfernt ist.

S'il ne vous est pas possible de m'aider à trouver une chambre, auriez-vous des adresses d'autres organismes à m'indiquer?

Avec mes remerciements anticipés, je vous prie de croire, Mesdames, Messiurs, à mes sentiments les meilleurs.

Wenn es nicht möglich sein sollte, eine geeignete Lösung zu finden, würde ich Sie bitten mir anzugeben, an welche Stellen ich mich sonst wenden könnte.

Mit vielem Dank im Voraus und besten Grüßen

89. Vermieten eines Hauses

Cher Monsieur,

Par votre annonce parue hier dans le «Républicain Lorrain», j'ai appris que vous cherchiez à louer une maison meublée. Je pense avoir ce qui vous convient. La maison est située à proximité de Heidelberg, elle est entièrement équipée et comporte trois chambres à coucher, une salle de bains avec tout le confort moderne. Le prix s'élève à 300 € par semaine.

Si ma proposition vous intéresse, veuillez me contacter le plus tôt possible. Naturellement je reste à votre entière disposition pour vous donner des renseignements plus détaillés.

Veuillez agréer, cher Monsieur, l'expression de mes sentiments distingués.

Sehr geehrter Herr,

aus Ihrer Anzeige im «Républicain Lorrain» ersehe ich, dass Sie ein möbliertes Haus zu mieten suchen. Ich glaube, wir haben, was Ihren Wünschen entspricht. Das Haus liegt ganz in der Nähe von Heidelberg, es ist voll eingerichtet, hat 3 Schlafzimmer, Bad und moderne sanitäre Anlagen. Der Preis beträgt 300 € pro Woche.

Wenn Sie an meinem Angebot interessiert sind, setzen Sie sich bitte so bald wie möglich mit mir in Verbindung. Ich stehe Ihnen natürlich sehr gern für alle weiteren Auskünfte über das Haus zur Verfügung.

Mit freundlichen Grüßen

90. Bitte um Auskunft über Zeitungsabonnement

Mesdames, Messieurs,

Trouvant votre *revue (magazine/journal)* très intéressant, je désirerais éventuellement m'y abonner.

Sehr geehrte Damen und Herren,

da ich Ihre *Illustrierte (Zeitschrift/Zeitung)* sehr interessant finde, möchte ich sie eventuell abonnieren.

Veuillez m'indiquer vos tarifs d'abonnement pour 3 mois, 6 mois et un an (port avion compris pour l'Allemagne) et me dire comment en effectuer le paiement.

Dans l'attente de vous lire, je vous prie d'agréer, Mesdames, Messieurs, mes salutations distinguées.

Bitte teilen Sie mir mit, wie viel ein Vierteljahres-, Halbjahres- und Jahresabonnement (einschließlich Luftpostporto nach Deutschland) kostet und wie die Bezahlung erfolgen soll.

In Erwartung Ihrer Rückäußerung verbleibe ich

hochachtungsvoll

91. Zeitungsabonnement

Mesdames, Messieurs,

Je désirerais m'abonner à votre *revue (magazine, journal)* pour *un an (6 mois)*. Veuillez trouver ci-joint un chèque (de F…) en paiement de cet abonnement.

Veuillez agréer, Mesdames, Messieurs, mes salutations distinguées.

Sehr geehrte Damen und Herren,

ich würde gern Ihre *Illustrierte (Zeitschrift/Zeitung)* für ein *Jahr (halbes Jahr)* abonnieren und füge zur Deckung der Kosten einen Scheck (über FF…) bei.

Hochachtungsvoll

92. Bitte um Übersendung einer Probenummer

Mesdames, Messieurs,

Un de mes amis m'ayant recommandé votre journal pour me documenter sur tout ce qui concerne la vie à la campagne (jardinage, élevage, chasse, pêche, bricolage, etc.), je vous serais très obligé de m'en envoyer un spécimen.

Si, comme j'en suis presque persuadé, j'y trouve ce qui m'intéresse, je vous adresserai immédiatement un chèque pour un abonnement annuel.

Dans l'attente de votre envoi, je vous prie d'agréer, Mesdames, Messieurs, avec mes sincères remerciements mes meilleures salutations.

Sehr geehrte Damen und Herren,

ein Freund von mir hat mir Ihre Zeitschrift empfohlen, um mich über alles, was das Landleben betrifft, zu informieren (Gartenarbeit, Viehzucht, Jagd, Fischfang, Basteln usw.). Ich wäre Ihnen sehr dankbar, wenn Sie mir eine Probenummer schicken würden.

Wenn ich darin finde, was mich interessiert – und ich bin davon fast überzeugt –, werde ich Ihnen sofort eine Zahlungsanweisung für ein Jahresabonnement schicken.

In Erwartung Ihrer Sendung danke ich Ihnen im Voraus und verbleibe

mit freundlichen Grüßen

93. Bitte um Nachsendung der Post

Mesdames, Messieurs,

Etant rentré depuis 5 jours, après mon séjour d'un mois et demi dans votre hôtel, je n'ai encore reçu aucun courrier.

Je crains que mes parents et amis ne continuent à m'écrire à votre adresse.

S'il en est ainsi, veuillez me réexpédier tout mon courrier à mon adresse habituelle que je vous rappelle:

> Claude Monier
> Großherzog-Friedrich-Str. 15
> 66111 Saarbrücken

Dès que ma correspondance aura repris son cours habituel, je vous rembourserai immédiatement le total de vos frais d'envoi.

En vous remerciant d'avance, je vous prie de croire, Mesdames, Messieurs, à l'expression de mes sentiments distingués.

Sehr geehrte Damen und Herren,

in den 5 Tagen, seit ich zurückgekehrt bin nach meinem eineinhalbmonatigen Aufenthalt in Ihrem Hotel, habe ich noch keine Post bekommen.

Ich fürchte, dass meine Verwandten und Freunde ihre Briefe weiterhin an Ihr Hotel schicken.

Wenn es so ist, möchte ich Sie bitten, mir die ganze Post an meine ständige Anschrift, die ich Ihnen nochmals mitteile, nachzuschicken:

> Claude Monier
> Großherzog-Friedrich-Str. 15
> 66111 Saarbrücken

Sowie meine Korrespondenz wieder ihren normalen Gang nimmt, werde ich Ihnen umgehend den Gesamtbetrag Ihrer Auslagen erstatten.

Ich bedanke mich im Voraus und verbleibe

hochachtungsvoll

94. Bitte um Nachsendung eines vergessenen Gegenstandes

Monsieur, (ou: Madame,)

J'ai constaté à mon retour, en défaisant mes valises, que j'avais oublié mon appareil photo, probablement dans le tiroir de la table de nuit. La semaine dernière ayant été pluvieuse, je n'ai pas eu l'occasion de m'en servir, ce qui explique cet oubli.

J'espère cependant que l'appareil n'est pas perdu et que vous le retrouverez à l'endroit indiqué.

Sehr geehrter Herr …, (Sehr geehrte Frau …,)

nach meiner Rückkehr habe ich beim Auspacken der Koffer bemerkt, dass ich meinen Fotoapparat (bei Ihnen/in Ihrem Hotel) vergessen habe, wahrscheinlich in der Nachttischschublade. In der letzten Woche, als es oft regnete, hatte ich keine Gelegenheit ihn zu benutzen, und deshalb habe ich den Verlust nicht bemerkt.

Veuillez donc avoir l'obligeance de me l'envoyer, à mes frais, en petit paquet avec valeur déclarée.

Avec mes sincères remerciements, je vous prie d'agréer, Monsieur (Madame), l'expression de mes salutations distinguées.

Ich hoffe aber, dass er nicht abhanden gekommen ist und dass Sie ihn an dem bezeichneten Ort finden werden.

Seien Sie bitte so nett, ihn mir auf meine Kosten per Wertsendung zuzuschicken.

Mit aufrichtigem Dank im Voraus und freundlichen Grüßen

95. Reklamation

Monsieur, (*ou:* Madame,)

De retour chez moi, j'ai constaté, en vérifiant votre note, que le jour de mon départ, le jeudi 6 octobre, a été compté, sans doute par erreur.

La chambre ayant été libérée avant midi, j'espère que vous reconnaîtrez le bien-fondé de ma réclamation et que vous voudrez bien me rembourser la location de cette nuit.

Dans l'attente de votre chèque ou virement à mon compte (No …, banque …), je vous prie d'agréer, Monsieur (Madame), mes meilleures salutations.

Sehr geehrter Herr …, (Sehr geehrte Frau …,)

nach Hause zurückgekehrt, habe ich bei der Durchsicht Ihrer Rechnung festgestellt, dass mein Abreisetag, zweifellos versehentlich, mit in Rechnung gestellt wurde.

Da das Zimmer vor 12 Uhr geräumt war, hoffe ich, dass Sie die Berechtigung meiner Reklamation anerkennen und mir das Geld für diese Übernachtung erstatten werden.

In Erwartung Ihres Schecks oder Ihrer Überweisung auf mein Konto (Nr. …, Bank …), verbleibe ich

mit freundlichen Grüßen

96. Schadenregulierung bei Verkehrsunfall

Cher Monsieur,

Lors de l'accrochage que nous avons eu Place de la République le 15 mars dernier, vous m'avez déclaré préférer payer vous-même les réparations de mon véhicule plutôt que d'avoir recours à votre assurance, ceci afin de conserver le bonus.

Je vous ai donc fait parvenir le 20

Sehr geehrter Herr Germain,

bei dem Zusammenstoß, den wir am 15. März an der Place de la République gehabt haben, erklärten Sie mir, dass Sie es vorziehen, die Reparaturen selbst zu bezahlen, anstatt sie von Ihrer Versicherung erstatten zu lassen, um Ihren Bonus nicht zu verlieren.

Ich habe Ihnen also am 20. März die von mir beglichene Rechnung der Werk-

mars la facture des réparations qui ont été effectuées sur mon véhicule et que j'ai réglées au garagiste. Or, à ce jour, je n'ai encore reçu aucun remboursement de votre part. Je vous serais très reconnaissant de bien vouloir m'envoyer, d'ici le 16 avril, un chèque correspondant au montant des réparations. Dans le cas contraire, je me verrais contraint de remettre le constat amiable que nous avons signé à votre assurance pour qu'elle puisse faire le nécessaire.

Veuillez agréer, Monsieur, mes salutations distinguées.

statt für die an meinem Fahrzeug vorgenommenen Reparaturen zukommen lassen. Bis jetzt habe ich aber von Ihnen noch keine Erstattung der Kosten erhalten. Ich wäre Ihnen sehr dankbar, wenn Sie mir bis zum 16. April einen Scheck in Höhe der Reparaturkosten schicken würden. Andernfalls sähe ich mich gezwungen, Ihrer Versicherung die von uns beiden unterzeichnete Unfallmeldung zukommen zu lassen, damit sie das Nötige veranlasst.

Mit freundlichen Grüßen

97. Rechnungsbeanstandung

a) dans un garage

a) bei einer Autowerkstatt

Garage Renault
Rond-Point de l'Europe
57000 Metz

Messieurs,

Ma fille a eu recours à vos services pour réparer une panne avant de poursuivre son voyage. Une fois le véhicule réparé, elle a réglé la facture sans prendre la peine de s'informer en détail sur les réparations effectuées.

A la lecture de la facture, je m'étonne du fait que vous ayez procédé à des changements (par exemple de batterie et de deux pneus) qui ne me semblent pas indispensables. J'avais fait vérifier ma voiture il y a environ un mois et personne ne m'en avait alors signalé la nécessité. Je suppose qu'un de vos employés a outrepassé ses droits, en voulant bien faire.

Vous comprendrez certainement qu'il

Sehr geehrte Herren,

wegen einer Motorpanne während des Urlaubs musste meine Tochter Ihre Dienste in Anspruch nehmen, um die Reise fortsetzen zu können. Nachdem das Auto repariert war, zahlte sie den Betrag, ohne sich über die ausgeführten Reparaturen im Einzelnen zu informieren.

Beim aufmerksamen Lesen der Rechnung sehe ich, dass Sie einige Reparaturen anführen, die mir nicht unbedingt notwendig erscheinen, z. B. das Auswechseln der Batterie und von zwei Reifen.

Da ich das Auto vor ca. einem Monat bei der Inspektion hatte, ohne dass mir jemand die Notwendigkeit dieser Maßnahmen aufgezeigt hätte, nehme ich an, dass einer Ihrer Angestellten, sicherlich

m'est impossible d'accepter cette facture en aucun cas justifiée. Pour ma part, je serais d'accord pour une remise d'un tiers de la facture, soit F… Si vous n'êtes pas d'accord avec ma proposition, je me verrais dans l'obligation de mettre l'affaire entre les mains de mon avocat.

Dans l'attente de vous lire, je vous prie de croire, Messieurs, à mes salutations distinguées.

in der besten Absicht, in seiner Pflichterfüllung zu weit gegangen ist.

Sie werden verstehen, dass ich keine Rechnung akzeptieren kann, die ich absolut nicht für gerechtfertigt halte. Ich meinerseits wäre bereit, die Rückerstattung eines Drittels der Gesamtsumme (d. h. FF…) zu akzeptieren. Sollten Sie mit diesem Vorschlag nicht einverstanden sein, sähe ich mich leider gezwungen, die Angelegenheit in die Hände meines Rechtsanwaltes zu legen.

Hochachtungsvoll

b) dans une librairie

Messieurs,

Je viens de recevoir les livres que je vous avais commandés cet été. Je dois vous faire part de ma déception à double titre: tout d'abord les livres me sont parvenus dans un état lamentable parce qu'ils n'avaient pas été correctement emballés; par ailleurs vous m'avez envoyé une édition de luxe de Proust, alors que je vous avais expressément indiqué que je désirais une édition de poche.

Avant de vous régler la facture, je vous prie de bien vouloir me signaler la remise que vous comptez me faire pour me dédommager de ces ennuis.

Dans l'attente de votre réponse, je vous prie de croire, Messieurs, à l'expression de mes sentiments distingués.

b) bei einer Buchhandlung

Sehr geehrte Herren,

ich habe soeben die Bücher erhalten, die ich im Sommer bestellt hatte und muss Ihnen mitteilen, dass ich in zweifacher Hinsicht enttäuscht bin: einmal, weil sie in desolatem Zustand ankamen, da sie unzureichend verpackt waren; außerdem schicken Sie mir eine Luxusausgabe des Proust, obwohl ich Ihnen ausdrücklich angegeben hatte, dass ich die Taschenbuchausgabe wollte.

Bevor ich die Rechnung bezahle, bitte ich Sie mir mitzuteilen, welchen Nachlass Sie mir zu gewähren bereit sind, um mich für die Unannehmlichkeit zu entschädigen.

In Erwartung Ihrer Antwort grüße ich Sie

hochachtungsvoll

98. Beschwerde bei einer Autowerkstatt

Mesdames, Messieurs,

Vous avez procédé il y a quinze jours à la réparation de mon véhicule. Je suis venu le retirer dans votre garage le 20 septembre dernier et je vous ai réglé la facture d'un montant de 250 € .

Entre temps, j'ai constaté que les mêmes problèmes techniques persistent et que donc les réparations n'ont pas été correctement effectuées. Dans ces conditions, je vous rappelle que vous êtes obligé de remettre gratuitement mon véhicule en bon état de marche dans un délai raisonnable. Sinon je me verrai dans l'obligation de vous réclamer des dommages-intérêts.

Veuillez agréer, Mesdames, Messieurs, l'expression de mes sentiments distingués.

Sehr geehrte Damen und Herren,

vor 14 Tagen war mein Wagen zur Reparatur in Ihrer Werkstatt. Ich habe ihn am 20. September wieder abgeholt und die Rechnung in Höhe von 250 € bezahlt.

In der Zwischenzeit habe ich festgestellt, dass noch die gleichen technischen Probleme bestehen und dass folglich die Reparaturen nicht korrekt durchgeführt worden sind. Ich darf Sie daher daran erinnern, dass Sie verpflichtet sind, meinen Wagen kostenlos in einer angemessenen Zeit wieder in Ordnung zu bringen. Andernfalls sehe ich mich gezwungen, Schadenersatz von Ihnen zu fordern.

Mit freundlichen Grüßen

99. Beschwerde bei der Reinigung (Beschädigung)

Monsieur,

J'ai récemment déposé dans votre pressing un manteau à nettoyer et au moment de le retirer, j'ai constaté des taches qui n'existaient pas auparavant. Au cours de la discussion que nous avons eue dans votre magasin, vous avez refusé de m'indemniser en invoquant le fait que les détériorations existaient déjà au moment où je vous avais remis le manteau.

Je vous signale que vous êtes responsable des effets qui vous sont confiés et que vous êtes tenu de me rembourser le

Sehr geehrter Herr Marnier,

kürzlich habe ich bei Ihnen einen Mantel reinigen lassen und beim Abholen festgestellt, dass er Flecken hat, die vorher nicht vorhanden waren. Während des Gesprächs, das wir in Ihrem Laden geführt haben, waren Sie nicht bereit, für den Schaden finanziell aufzukommen, und behaupteten, die Flecken seien bei der Abgabe des Mantels schon vorhanden gewesen.

Ich mache Sie darauf aufmerksam, dass Sie für Kleidungsstücke, die Ihnen anvertraut werden, verantwortlich sind und verpflichtet, mir den Schaden zu

préjudice que j'ai subi et que j'estime à 200 €.

Dans le cas contraire, je me verrai contrainte d'engager des poursuites contre vous.

Veuillez agréer, Monsieur, l'expression de mes sentiments distingués.

P.J.: photocopie du ticket de dépôt

ersetzen, der mir entstanden ist und den ich auf 200 € schätze.

Andernfalls sähe ich mich genötigt, gerichtlich gegen Sie vorzugehen.

Mit freundlichen Grüßen

Anlage
Kopie des Abholscheins

100. Beschwerde bei der Reinigung (Verlust)

Monsieur,

J'ai déposé dans votre pressing il y a quinze jours un deux-pièces pour un nettoyage et au moment de le retirer, nous avons constaté ensemble sa disparition.

Etant maintenant depuis une dizaine de jours sans nouvelles de vous, j'en conclus que vraisemblablement vous ne l'avez pas encore retrouvé. Dans ces conditions, je vous serais reconnaissante de bien vouloir me rembourser le prix d'achat de ce deux-pièces.

Au vu du ticket de caisse ci-joint, ce vêtement a été acheté le 5 janvier dernier pour la somme de 250 €. J'estime ma perte à 200 €.

Veuillez agréer, Monsieur, l'expression de mes sentiments distingués.

P.J.: photocopies du ticket de dépôt et du ticket de caisse.

Sehr geehrter Herr Martin,

vor nunmehr zwei Wochen habe ich bei Ihnen ein Kostüm zur Reinigung gebracht. Als ich es abholen wollte, haben wir zusammen das Fehlen des Kleidungsstückes festgestellt.

Da ich bereits seit 10 Tagen ohne Nachricht von Ihnen bin, schließe ich daraus, dass Sie das Kostüm wahrscheinlich nicht wieder gefunden haben. Unter diesen Umständen möchte ich Sie bitten, mir den Kaufpreis für dieses Kostüm zu erstatten.

Laut beigefügtem Kassenzettel wurde dieses Kleidungsstück für 250 € am 5. Januar d. J. gekauft. Meinen Verlust schätze ich auf 200 €.

Mit freundlichen Grüßen

Anlagen
Kopie des Abholscheins und des Kassenzettels

101. Beschwerde wegen überhöhter Forderung

Monsieur,

Je me permets de vous rappeler que votre devis en date du 25 juillet que nous avions signé en commun faisait état d'une somme totale de 6.000 € pour les travaux que vous avez effectués.

Or, la facture que vous me présentez aujourd'hui est, elle, bien différente. D'où provient l'augmentation que vous me réclamez maintenant? A mon avis, rien ne la justifie, je vous demande donc de respecter scrupuleusement le devis précédemment conclu entre nous.

Veuillez agréer, Monsieur, l'expression de mes sentiments distingués.

Sehr geehrter Herr Millan,

ich erlaube mir Sie daran zu erinnern, dass Ihr von uns gemeinsam unterschriebener Kostenvoranschlag vom 25. Juli d. J. eine Gesamtsumme von 6.000 € für die von Ihnen ausgeführten Arbeiten vorsah.

Bei Prüfung Ihrer mir heute vorgelegten Rechnung stelle ich fest, dass der nun geforderte Betrag in keiner Weise der ursprünglich vorgesehenen Summe entspricht. Woher kommt die Preiserhöhung, die Sie jetzt von mir fordern? Nichts rechtfertigt sie meiner Meinung nach, und ich bitte Sie daher, sich an den ursprünglich zwischen uns beiden vereinbarten Kostenvoranschlag zu halten.

Mit freundlichen Grüßen

102. Meldung von Schäden oder Verlusten bei einem Umzug

Monsieur,

J'ai confié a votre entreprise le soin d'effectuer le 10 août dernier le déménagement de mon mobilier (contrat n° 5634 en date du 10 juin). Au cours du transport, plusieurs meubles et objets ont été abîmés: je viens de constater qu'une commode et un fauteuil ont été fortement salis, écornés et rayés et qu'un carton plein de verres et de vaisselle avait été éventré et le contenu brisé.

La lettre de décharge que j'ai signée à la remise de mon mobilier prévoit des réserves que je vous confirme par la présente: vous trouverez ci-joint la liste, le descriptif et le coût des objets endommagés soit au total 500 €.

Sehr geehrter Herr Bertrand,

Ihre Firma hat am 10. August d. J. einen Umzug für mich getätigt (Vertrag Nr. 5634 vom 10. Juni). Während des Transports sind mehrere Möbelstücke und Gegenstände beschädigt worden: Wie ich feststelle, sind eine Kommode und ein Sessel stark verschmutzt, angestoßen und verschrammt worden und ein Karton voller Gläser und Geschirr ist zu Bruch gegangen.

Bei der Ankunft habe ich den Auslieferungsschein unter den üblichen Vorbehalten unterschrieben, die ich Ihnen hiermit bestätige: Anbei finden Sie die genaue Liste, die Beschreibung und den Schätzwert der Beschädigungen in Höhe von 500 €.

L'assurance que vous avez souscrite en ma faveur devrait couvrir ce préjudice. Je vous serais donc extrêmement reconnaissant de bien vouloir me faire parvenir cette somme de 500 € dans les meilleurs délais.

Veuillez agréer, Monsieur, l'expression de mes sentiments distingués.

P.J.: copie de la facture, de la lettre de décharge, liste des objets endommagés avec photo.

Die Versicherung, die Sie zu meinen Gunsten abgeschlossen haben, müsste den entstandenen Schaden abdecken. Ich wäre Ihnen daher dankbar, wenn Sie mir umgehend den Betrag von 500 € überweisen würden.

Mit freundlichen Grüßen

Anlagen
Kopie der Rechnung, des Auslieferungsscheins sowie Liste der beschädigten Gegenstände mit Foto

103. Antwort auf ein Zeitungsinserat

Centre France
La Montagne
Service des petites annonces
Place de Jaude
63000 Clermont-Ferrand

Mesdames, Messieurs,

Dans votre édition du 18 mai dernier j'ai lu une petite annonce concernant un coffre ancien, avec prière de s'adresser au journal. Etant très intéressé par cette offre, je me permets de vous écrire pour vous prier de bien vouloir me mettre en rapport avec le vendeur. Je suis disposé à prendre ce meuble en commission et à offrir une somme intéressante s'il est de bonne qualité comme semble le dire l'annonce.

Dans l'attente de votre réponse, je vous prie de croire, Mesdames, Messieurs, à l'expression de mes sentiments les meilleurs.

Sehr geehrte Damen und Herren,

in Ihrer Ausgabe vom 18. Mai las ich eine Anzeige über den Verkauf einer alten Truhe, in der als Referenz die Zeitung selbst angegeben war. Da ich an einem solchen Angebot sehr interessiert bin, würde ich Sie bitten, mich mit dem entsprechenden Verkäufer in Verbindung zu bringen. Als Kommissionär bin ich in der Lage, eine interessante Summe anzubieten, wenn es sich um ein Möbelstück guter Qualität handelt, wie es die Anzeige verspricht. Ich erwarte mit Interesse Ihre Mitteilung.

Mit freundlichen Grüßen

III. Briefe an Behörden

104. An einen französischen Bürgermeister

Monsieur le Maire,

Depuis plusieurs années déjà je passe mes vacances dans votre commune que je trouve très agréable et très accueillante. J'ai pris la décision de m'y installer et je suis donc à la recherche d'un terrain à construire ou d'une maison (même à rénover).

Si vous connaissez des personnes susceptibles de vendre, je vous serais donc extrêmement reconnaissant de bien vouloir me faire connaître leur nom et leur adresse pour que je puisse me mettre directement en rapport avec elles.

En vous remerciant d'avance, je vous prie de croire, Monsieur le Maire, à l'expression de mes sentiments distingués.

Sehr geehrter Herr Bürgermeister,

schon seit mehreren Jahren verbringe ich meine Ferien in Ihrer Gemeinde, die ich sehr schön und gastfreundlich finde. Ich habe jetzt den Entschluss gefasst, mich dort niederzulassen und suche also ein Baugrundstück oder ein Haus (auch renovierungsbedürftig).

Sollten Sie Leute kennen, die verkaufen möchten, wäre ich Ihnen sehr dankbar, wenn Sie mir deren Namen und Adresse angeben würden, damit ich mich mit ihnen direkt in Verbindung setzen kann.

Ich danke Ihnen im Voraus sehr und verbleibe

mit freundlichen Grüßen

105. Bitte um Verlängerung der Aufenthaltserlaubnis

Ministère de l'Intérieur
Place Beauvau
75008 Paris

Messieurs,

J'ai l'honneur de solliciter de votre haute bienveillance la prolongation de mon permis de séjour en France jusqu'au 31 décembre prochain.

Je suis citoyen de la République Fédérale d'Allemagne et actuellement en France pour poursuivre mes études à

Sehr geehrte Herren,

hiermit bitte ich um Verlängerung meiner Aufenthaltserlaubnis bis zum 31. Dezember d. J.

Ich bin deutscher Staatsbürger und befinde mich zz. in Frankreich zur Fortsetzung meines Studiums an der Sorbonne. Ursprünglich hatte ich die

la Sorbonne. Au départ, j'avais l'intention de ne rester que 6 mois en France, mais ayant maintenant la possibilité de suivre un cours de perfectionnement, j'aimerais rester jusqu'à la fin de l'année.

Je vous serais donc extrêmement reconnaissant de bien vouloir me faire parvenir les imprimés nécessaires à la prolongation de mon permis de séjour ainsi que de m'indiquer les pièces d'identité que je dois fournir.

En vous remerciant d'avance, je vous prie d'agréer, Messieurs, mes salutations respectueuses.

Absicht, nur sechs Monate in Frankreich zu bleiben, aber da ich jetzt die Möglichkeit habe, an einem Aufbaukurs teilzunehmen, möchte ich gern bis zum Jahresende bleiben.

Daher bitte ich Sie, mir die entsprechenden Vordrucke zuzusenden und mir anzugeben, welche Unterlagen ich vorlegen muss, um die oben erwähnte Verlängerung zu erhalten.

Ich danke Ihnen im Voraus und verbleibe

mit freundlichen Grüßen

106. Universitätszulassung

Secrétariat de la Faculté
de Médecine de Paris

Mesdames, Messieurs,

Ayant l'intention de m'inscrire pour l'année prochaine à la Faculté de Médecine de Paris et ne connaissant pas les formalités d'inscription à accomplir, je vous serais extrêmement reconnaissant de bien vouloir me faire parvenir les informations et les documents nécessaires.

Je suis titulaire du baccalauréat allemand qui, je crois, est également reconnu en France. J'ai de bonnes connaissances en français qui me permettront, j'espère, de passer l'examen de langue sans problèmes.

Par ailleurs, j'aimerais que vous me fournissiez des renseignements sur les possibilités d'obtenir une bourse d'étu-

Sehr geehrte Damen und Herren,

ich möchte mich gern für nächstes Jahr an der medizinischen Fakultät der Universität Paris einschreiben, und da mir die notwendigen Voraussetzungen für die Einschreibung nicht bekannt sind, wäre ich Ihnen sehr dankbar, wenn Sie mir alle notwendigen Informationen und Unterlagen zukommen lassen wollten.

Ich habe in diesem Jahr in Deutschland das Abitur gemacht und glaube, dass dieser Schulabschluss auch in Frankreich anerkannt wird. Meine Französischkenntnisse sind gut, und ich hoffe, ohne Schwierigkeiten die Vorprüfung für Französisch bestehen zu können.

Ich hätte ferner gern Informationen über eine mögliche Studienbeihilfe für

80

des et d'habiter dans une cité universitaire. A combien se montent les frais d'inscription? Je vous serais également très reconnaissant de bien vouloir me donner toute autre information que vous jugerez utile.

En vous remerciant d'avance, je vous prie de croire, Mesdames, Messieurs, à l'expression de mes sentiments les meilleurs.

ausländische Studenten, über die Möglichkeit in einem Studentenwohnheim zu wohnen, und natürlich über die Höhe der Einschreibegebühren. Darüber hinaus wäre ich Ihnen für jede weitere Auskunft dankbar, die Sie für wichtig erachten.

Mit bestem Dank im Voraus und

mit freundlichen Grüßen

107. Anfrage bei der Versicherung wegen eines Verkehrsunfalls

Mesdames, Messieurs,

Hier j'ai été victime d'un petit accident de la circulation avec ma voiture. Le conducteur de l'autre véhicule, assuré par votre compagnie, m'a transmis ses coordonnées.

Etant étranger, je ne suis pas très au courant de la procédure à suivre et je me permets de m'adresser à vous pour vous demander quelques renseignements. J'aimerais en particulier savoir si je peux faire réparer mon véhicule et vous envoyer la facture ou si je dois avancer les frais de réparation et me faire rembourser ultérieurement par votre société. Par ailleurs, j'aimerais savoir si je dois attendre votre «feu vert» avant de faire réparer ma voiture.

Je suis membre de l'ADAC (Automobile-Club d'Allemagne) et j'espère que vous pourrez me fournir les renseignements dont j'ai besoin.

Dans l'attente de vous lire, je vous prie de croire, Mesdames, Messieurs, à l'expression de mes sentiments les meilleurs.

Sehr geehrte Damen und Herren,

gestern wurde mein Fahrzeug in einen leichten Unfall verwickelt und beschädigt. Der Fahrer des anderen Wagens hat mir seine Personalien angegeben und den Namen Ihrer Versicherungsgesellschaft genannt.

Da ich Ausländer bin, bin ich über die Vorgehensweise nicht genau informiert und wende mich wegen einiger Auskünfte an Sie. Vor allem würde ich gern wissen, ob ich mein Auto reparieren lassen und dann die Rechnung an Ihre Gesellschaft schicken kann oder ob ich die Rechnung zunächst selbst bezahlen und später zur Erstattung bei Ihnen einreichen muss. Außerdem möchte ich wissen, ob ich warten muss, bis Ihre Versicherung bestätigt, die Reparaturkosten zu übernehmen, bevor ich den Wagen in die Werkstatt bringe.

Ich bin Mitglied des ADAC und hoffe, dass Sie mich freundlicherweise entsprechend beraten können.

In Erwartung Ihrer Antwort verbleibe ich

mit freundlichen Grüßen

108. Meldung eines Verkehrsunfalls an die Versicherung

Assurances la France
10, rue du Louvre
75002 Paris

Mesdames, Messieurs,

J'ai été victime d'un accident de la circulation le 12 mai dernier à l'intersection de la rue de Wattignies et de la rue de Fécamp. Le conducteur de l'autre voiture (une Peugeot 306 immatriculée 4325 PSD 75), Monsieur Bernard Dupont, domicilié 210, boulevard Voltaire, assuré dans votre compagnie, a grillé le stop provoquant ainsi une collision avec mon véhicule. Heureusement, les deux voitures roulaient lentement ce qui a permis de limiter les dégâts.

J'ai toutefois dû interrompre mon voyage et conduire ma voiture au garage pour faire réparer la porte qui ne fermait plus bien.

En présence de la police, le conducteur adverse, assuré chez vous, a reconnu sa responsabilité dans l'accident. Veuillez trouver ci-joint une copie du constat amiable.

Je vous prie d'agréer, Mesdames, Messieurs, l'expression de mes sentiments les meilleurs.

Sehr geehrte Damen und Herren,

am 12. Mai d. J. wurde mein Auto auf der Kreuzung rue de Wattignies und rue de Fécamp in einen Verkehrsunfall mit einem Peugeot 306, Kennzeichen 4325 PSD 75, verwickelt. Der Fahrer des Wagens, Herr Bernard Dupont, bei Ihrer Gesellschaft versichert und wohnhaft in Paris, 210, rue Voltaire, hat ein Stoppschild übersehen und so einen Zusammenstoß mit meinem Wagen verursacht. Glücklicherweise fuhren beide Fahrzeuge langsam, so dass sich der gesamte Schaden in Grenzen hielt.

Trotzdem musste ich meine Reise unterbrechen und meinen Wagen in eine Werkstatt bringen, um die Wagentür, die sich nicht mehr schließen ließ, reparieren zu lassen.

In Gegenwart der Polizeibeamten hat Ihr Versicherungsnehmer zugegeben, für den Unfall verantwortlich zu sein, und sich bereit erklärt, die Reparaturkosten für mein Auto zu übernehmen.

Mit freundlichen Grüßen

ou:

Ayant un besoin impératif du véhicule pour ma profession, j'ai fait exécuter les réparations dans un garage de ma connaissance. Je me permets donc de vous faire parvenir la facture de la réparation que j'ai réglée.

Je vous serais reconnaissant de bien vouloir virer dans les meilleurs délais à

oder:

Da ich den Wagen beruflich dringend benötige, habe ich die Reparatur in einer mir bekannten Werkstatt ausführen lassen. Ich erlaube mir daher, Ihnen anbei die Rechnung über die ausgeführte Reparatur, die ich bezahlt habe, zu übersenden.

Ich bitte Sie um baldmögliche Über-

mon compte n° ... la somme que j'ai déboursée.

Dans cette attente, je vous prie de croire, Mesdames, Messieurs, à l'expression de mes sentiments distingués.

weisung des von mir verauslagten Betrages auf mein Konto Nr. ...

In der Hoffnung auf baldige Erledigung verbleibe ich

mit freundlichen Grüßen

109. Meldung eines Schadens an die Versicherung

Monsieur,

Je vous prie de bien vouloir prendre note du dommage des eaux dont je viens d'être victime dans mon appartement de Lyon.

Le sinistre s'est déclaré par suite d'une imprudence de mon voisin et a touché deux pièces de mon appartement qui ont été complètement dévastées.

J'ai fait venir un expert pour constater les dégâts; vous trouverez son rapport ci-joint.

Si vous le jugez utile, contactez-moi pour toute précision complémentaire.

Veuillez agréer, Monsieur, l'expression de mes sentiments distingués.

P.J.

Sehr geehrter Herr Duval,

hiermit benachrichtige ich Sie, dass sich letzte Woche ein Wasserschaden in meiner Lyoner Wohnung ereignet hat.

Der Schaden wurde durch eine Unvorsichtigkeit meines Nachbarn verursacht und hat zwei Zimmer meiner Wohnung vollkommen verwüstet.

Ich habe einen Sachverständigen zur Schadensfeststellung kommen lassen und füge seinen Bericht bei.

Wenn Sie Näheres erfahren möchten, stehe ich Ihnen für zusätzliche Erläuterungen jederzeit zur Verfügung.

Mit freundlichen Grüßen

Anlage

110. Meldung eines Diebstahls an die Polizei

Comissariat de Police Magenta

Messieurs,

Je m'adresse à vous pour vous informer du vol d'un autoradio et d'une serviette en cuir brun contenant des carnets et des livres de médecine.

Polizeikommissariat Magenta

Sehr geehrte Herren,

hiermit zeige ich den Diebstahl eines Autoradios und einer braunen Lederaktentasche an, die Notizbücher und medizinische Lehrbücher enthielt.

Hier après-midi à 3 heures, j'avais laissé ma voiture en stationnement (une VW Golf bleue, N° d'immatriculation WI-BR 486) dûment fermée à clé, dans la rue de Marbourg. Quand je suis revenu, une demi-heure plus tard, la vitre latérale était cassée et les objets mentionnés avaient été volés.

Ayant peu d'espoir de récupérer la radio et la serviette, il est cependant possible que le voleur jette les carnets et les livres, car ils n'ont pour lui aucune valeur. Au cas où ceux-ci vous seraient remis, je vous serais obligé de bien vouloir m'en avertir, mes nom et adresse y figurant.

Avec mes remerciements anticipés, veuillez agréer, Messieurs, mes salutations distinguées.

Ich ließ meinen Wagen (einen blauen VW Golf, Kennzeichen WI-BR 486) gestern Nachmittag um 3 Uhr verschlossen in der rue de Marbourg stehen. Als ich eine halbe Stunde später zurückkam, war das Seitenfenster aufgebrochen und die erwähnten Gegenstände waren gestohlen.

Ich habe wenig Hoffnung, das Radio und die Aktentasche wiederzubekommen; doch erscheint es möglich, dass der Dieb vielleicht die Notizbücher und die Bücher wegwirft, da sie für ihn keinerlei Wert haben. Falls sie bei Ihnen abgegeben werden, wäre ich dankbar für Ihren Bescheid; mein Name und meine Adresse stehen darin.

Mit bestem Dank im Voraus,

hochachtungsvoll

111. Meldung eines Verlustes an die Polizei

Mesdames, Messieurs,

Je vous écris pour vous annoncer que je viens de perdre un portefeuille de cuir brun qui contenait ma carte d'identité, des photos, un permis de conduire allemand et une somme de 50 € .

Je crois avoir laissé mon portefeuille, hier, vers 19 h 30, dans la cabine téléphonique située au coin du boulevard des Capucines et de l'avenue de l'Opéra. Ce matin, en m'apercevant de cette perte, je suis retourné à la cabine, mais le portefeuille n'y était plus. Naturellement, je suis prêt à offrir une récompense à la personne qui le rapportera avec son contenu.

Sehr geehrte Damen und Herren,

hiermit möchte ich den Verlust einer braunen Lederbrieftasche anzeigen, die meinen Personalausweis, Fotografien, einen deutschen Führerschein und etwa 50 € enthielt. Ich glaube, ich habe die Brieftasche gestern in der Telefonzelle an der Ecke Boulevard des Capucines und Avenue de l'Opéra gegen 19.30 Uhr liegen lassen. Heute Morgen, als ich den Verlust entdeckte, ging ich zu der Telefonzelle zurück, aber die Brieftasche war nicht mehr da. Ich bin natürlich bereit, eine Belohnung für die Rückgabe der Brieftasche mit Inhalt auszusetzen.

Au cas où on vous l'aurait déjà remis, veuillez m'en avertir à l'adresse mentionnée plus haut.

Le 9 décembre cependant, je rentrerai en Allemagne. Après cette date, veuillez me l'envoyer par recommandé à l'adresse suivante et m'indiquer le nom et l'adresse de la personne qui l'a trouvé:

Fliederweg 110
D-69120 Heidelberg
Allemagne

Avec mes remerciements anticipés, je vous prie d'agréer, Mesdames, Messieurs, l'expression de mes sentiments distingués.

Falls die Brieftasche bereits abgeliefert worden ist, bitte ich um Nachricht unter obiger Anschrift.

Am 9. Dezember fahre ich jedoch nach Deutschland zurück. Sollte die Brieftasche danach abgegeben werden, wären Sie vielleicht so freundlich, Sie mir per Einschreiben an folgende Adresse zurückzusenden und mir die Anschrift des Finders anzugeben:

Fliederweg 110
D-69120 Heidelberg
BRD

Mit bestem Dank im Voraus und

freundlichen Grüßen

112. Schriftliche Bestätigung der Sperrung einer Kreditkarte

Mesdames, Messieurs,

Le 10 juillet dernier, ma sacoche contenant mes papiers d'identité et ma carte de crédit (no 56732156) m'a été volée, sans connaissance du code secret.

Vous trouverez ci-joint une photocopie du dépôt de plainte pour vol à la police. J'ai fait immédiatement opposition en téléphonant au centre «Carte Bleue» (le 10 juillet à 15 heures).

Par la présente, je vous confirme cette mise en opposition.

Veuillez agréer, Mesdames, Messieurs, l'expression de mes sentiments distingués.

Sehr geehrte Damen und Herren,

am 10. Juli wurde mir meine Handtasche mit meinen Papieren und meiner Kreditkarte (Nr. 56732156) ohne Kenntnisgabe der Geheimnummer gestohlen.

Anbei übersende ich Ihnen eine Kopie der Diebstahlsanzeige bei der Polizei. Ich habe am 10. Juli um 15 Uhr telefonisch die sofortige Sperrung meiner Kreditkarte bei der «Zentrale für Kreditkarten» veranlasst.

Hiermit bestätige ich diese Sperrung.

Mit freundlichen Grüßen

P. J.

Anlage

113. Irrtum bei einem Kontoauszug

Monsieur,

Je viens de constater sur mon dernier relevé de compte daté du 15 octobre une erreur que je vous prie de bien vouloir rectifier: le montant débité pour le chèque numéro 543216 n'est pas de 2456,00 € mais de 245,60 €.

A titre d'information et pour vous aider dans vos recherches, je vous envoie ci-joint la photocopie de la facture d'achat et je vous remercie par avance de bien vouloir recréditer mon compte du montant correspondant.

Veuillez agréer, Monsieur, l'expression de mes sentiments distingués.

P. J.

Sehr geehrter Herr Dupont,

auf meinem letzten Kontoauszug vom 15. Oktober stelle ich folgenden Irrtum fest, den Sie bitte berichtigen wollen: Mein Konto wurde für den Scheck Nr. 543216 mit 2456,00 € anstatt mit 245,60 € belastet.

Zu Ihrer Information und um Ihre Recherchen zu erleichtern, übersende ich Ihnen anbei die Fotokopie der Rechnung über den betreffenden Kauf und bitte Sie, meinem Konto die Differenz wieder gutzuschreiben.

Mit freundlichen Grüßen

Anlage

C KURZMITTEILUNGEN

1. Auf Visitenkarten

Einladungen

private

Monsieur et Madame X vous présentent leurs amitiés et vous prient de leur faire l'honneur d'assister à la soirée qu'ils donneront le 14 mars à 21 heures.

Herr und Frau X übermitteln Ihnen ihre Grüße und laden Sie höflichst zu ihrer Abendgesellschaft am 14. März um 21 Uhr ein.

offizielle

L'Amicale Sportive de X a l'honneur de vous inviter à sa Fête du Muguet qui aura lieu le samedi 14 mai 20.., à partir de 20 heures, dans les salons de l'Hôtel Y.

Der Sportverein von X gibt sich die Ehre, Sie zu seinem Maifest einzuladen, das am 14. Mai 20.. ab 20 Uhr in den Räumen des Hotels Y stattfindet.

R.S.V.P.
67849581

u. A. w. g.
67849581

Le Président
XXX

Der Vorsitzende
XXX

Antworten der Eingeladenen

Zusage

Monsieur et Madame Y. remercient Monsieur et Madame X. de leur *aimable (gracieuse)* invitation qu'ils sont très heureux d'accepter.

Affectueux souvenirs (Meilleures salutations).

Herr und Frau Y danken Herrn und Frau X für ihre *liebenswürdige (freundliche)* Einladung, die sie gern annehmen.

Herzliche (Beste) Grüße

Absage

Monsieur et Madame Z. sont désolés de ne pouvoir accepter votre aimable invitation, ne pouvant disposer de leur

Herr und Frau Z. bedauern lebhaft, von Ihrer liebenswürdigen Einladung keinen Gebrauch machen zu können, da

soirée du 14 mars. Avec leurs vifs remerciements et leurs sincères regrets ils vous prient d'accepter leurs compliments les meilleurs.

sie über den Abend des 14. März nicht verfügen können. Mit vielem Dank und aufrichtigem Bedauern verbleiben mit den besten Grüßen

XXX

XXX

Bedauern

Monsieur N. regrette de ne pas avoir eu le plaisir de vous rencontrer chez vous et se permettra de repasser prochainement.

Herr N. bedauert, Sie nicht zu Hause angetroffen zu haben, und wird sich erlauben, in den nächsten Tagen wieder vorzusprechen.

Grüße

Monsieur et Madame N. vous envoient leurs meilleurs vœux pour 20..

Herr und Frau N. senden Ihnen ihre besten Wünsche für 20..

Dank

Monsieur et Madame R. remercient Monsieur et Madame N. de leurs aimables souhaits et leur adressent en retour leurs vœux les meilleurs.

Herr und Frau R danken Herrn und Frau N. für ihre liebenswürdigen Glückwünsche, die sie aufs Herzlichste erwidern.

Glückwünsche, Beileid

(siehe Telegramme, Postkartengrüße, Glückwünsche, Geburts-, Heirats- und Todesanzeigen, siehe D)

2. Telegramme

Arriverai mardi soir 19 h 30 (retenez chambre)
Départ retardé lettre suit
Retenu affaires compte rentrer samedi

Eintreffe Dienstagabend 19.30 Uhr (bestellt Zimmer)
Abreise verschoben Brief folgt
Geschäftlich aufgehalten zurückkomme (oder: eintreffe) voraussichtlich Sonnabend

Manqué autobus pren(dr)ons train (Sommes) en panne arriverons demain

Omnibus verpasst nehmen Zug (Haben) Panne ankommen morgen

Obligés partir demain prière ajourner visite
Charles malade désire vous voir
Venez vite Charles malade
Sans nouvelles depuis Pâques inquiet téléphonez
Téléphonez si reçu lettre
Envoyez mandat télégraphique 1.000 € Reçu(e)

Sincères félicitations

Bravo pour magnifique succès *Affectueusement (cordialement)*
Laurent né hier matin 11 h Suzanne bonne santé stop bons baisers

Père décédé ce matin obsèques jeudi midi
Grand-mère décédée ce matin stop suis bien affligé

Müssen morgen verreisen bitte Besuch aufschieben
Karl erkrankt verlangt nach *Ihnen (euch)*
Kommt schnell Karl erkrankt
Ohne Nachricht seit Ostern bin besorgt telefoniert
Telefoniert ob Brief erhalten
Überweist telegrafisch 1.000 €

[Examen] bestanden

Herzlichen (oder *aufrichtigen*) Glückwunsch
Glückwunsch zum großartigen Erfolg
Herzlichst
Laurent gestern früh 11 Uhr geboren Suzanne wohlauf stopp viele Grüße

Vater heute Morgen entschlafen Beerdigung Donnerstag 12 Uhr
Großmutter heute Morgen eingeschlafen bin sehr traurig

Antworten

Enchantés apprendre naissance de Laurent félicitations et bons baisers
Sincères compliments et meilleurs vœux de bonheur
Sincères condoléances prenons large part à votre douleur
Profondément affligés (Très émus) partageons votre douleur

Freuen uns über Geburt von Laurent Glückwünsche und herzliche Grüße
Aufrichtige Glückwünsche und beste Grüße
Tiefes Beileid nehmen aufrichtigen Anteil an *Ihrem (eurem)* Schmerz
Tief erschüttert teilen *Ihren (euren)* Schmerz

3. Postkartengrüße

an Verwandte

Bons baisers oder *grosses bises* entspricht ungefähr dem deutschen: herzlichen Gruß und Kuss.

Affectueux souvenir oder: *souvenir affectueux* oder: *affectueuses pensées* entspricht ungefähr dem deutschen: herzliche Grüße.

Bien à toi und *bons baisers* entspricht ungefähr dem deutschen: herzliche Grüße und Küsse.

an gute Bekannte oder Freunde

Bon souvenir Très bon souvenir Meilleur souvenir *Amical souvenir (souvenir amical)* Bonnes amitiés *Meilleures amitiés (sincères amitiés)* Amical bonjour	entspricht ungefähr dem deutschen: *freundlichen (besten)* Gruß.

Bien le bonjour (à tous).	Beste Grüße (an alle).
Un bonjour de Berlin.	Gruß aus Berlin.
De passage à Paris je vous envoie mes meilleures amitiés.	Auf der Durchreise in Paris sende ich Ihnen meine besten Grüße.
De retour à Düsseldorf *je vous envoie mes meilleurs souvenirs (je me permets de me rappeler à votre bon souvenir).*	Nach Düsseldorf zurückgekehrt, *sende ich Ihnen meine besten Grüße (erlaube ich mir, Ihnen meine besten Grüße zu senden).*

an Kinder

Un gros baiser und *grosses bises* entspricht ungefähr dem deutschen: einen herzhaften Kuss.

4. Glückwünsche

Namenstag:	Bonne et heureuse fête	Glücklichen Namenstag
Geburtstag:	Heureux anniversaire	Glücklichen Geburtstag
Neujahr:	Bonne et heureuse année	Glückliches Neujahr
Ostern:	*Joyeuses Pâques [à tous]* *Heureuses Pâques*	Fröhliche Ostern (*euch/* *Ihnen* allen)
Weihnachten u. Neujahr:	Joyeux Noël et bonne année.	Fröhliche Weihnachten und ein glückliches neues Jahr
	Bonnes fêtes de fin d'année et meilleurs vœux pour 20..	Frohe Feiertage und die besten Wünsche für 20..

5. Geburtsanzeigen

Monsieur et Madame Chavalier *sont heureux de vous faire part de* (ou *ont le plaisir de vous annoncer /* ou *ont le plaisir d'annoncer)* la naissance de *leur fils Charles (leur fille Simone).*

Herr und Frau Chevalier freuen sich, Ihnen die Geburt *ihres Sohnes Charles (ihrer Tochter Simone)* anzuzeigen.

(*Antwort* siehe Telegramme)

6. Heiratsanzeigen

Monsieur et Madame Marchand ont l'honneur de vous faire part du mariage de leur fille Jeanne avec Monsieur Gaston Blanc, ingénieur A. M.*

Monsieur et Madame Blanc ont l'honneur de vous faire part du mariage de leur fils Gaston avec Mademoiselle Jeanne Marchand

et vous prient d'assister à la bénédiction nuptiale qui leur sera donnée le 9 septembre 20.., à 10 heures 45, en l'église Saint-Pierre.

12, rue de la Gare
63220 Arlanc

25, place du Marché
63220 Arlanc

Herr und Frau Marchand haben die Ehre, Ihnen die Vermählung ihrer Tochter Jeanne mit Herrn Gaston Blanc, Ingénieur A. M., mitzuteilen

Herr und Frau Blanc haben die Ehre, Ihnen die Vermählung ihres Sohnes Gaston mit Fräulein Jeanne Marchand anzuzeigen

und bitten Sie, der Trauung beizuwohnen, die am 9. September 20.., um 10.45 Uhr, in der Saint-Pierre-Kirche stattfinden wird.

Antworten

M. et Mme Jacques Penelle adressent à Monsieur et Madame Lucien Blanc leurs plus sincères félicitations à l'occasion du mariage de leur fils Gaston et les prient d'agréer l'expression de leur profonde amitié.

Herr und Frau Penelle übermitteln Herrn und Frau Blanc die aufrichtigsten Glückwünsche zur Vermählung ihres Sohnes Gaston und versichern sie ihrer tiefen Freundschaft.

Toutes nos félicitations à l'occasion du mariage de votre fille Jeanne et nos meilleurs vœux de bonheur aux jeunes époux. Nous nous réjouissons avec vous et vous prions de croire à nos sentiments les meilleurs.

Unsere Gratulation zur Vermählung Ihrer Tochter Jeanne und beste Glückwünsche für das junge Paar. Wir freuen uns mit Ihnen und senden die besten Grüße.

---

* A. M. = ingénieur de l'Ecole des Arts et Métiers.

7. Todesanzeigen

Madame Jean Girard
Le Capitaine Charles Girard
Monsieur André Girard
Mademoiselle Yvonne Girard

ont la douleur de vous faire part de la perte cruelle qu'ils viennent de faire en la personne de

Monsieur Jean Girard
Industriel
Officier de la Légion d'Honneur

leur époux, père …

décédé subitement le 17 août 20.., muni des sacrements de l'Église, en son domicile 33, rue de la Paix, dans sa 52e année, et vous prient d'assister à l'office qui se tiendra le 20 août à 12 heures précises, en l'église St Paul.

L'inhumation aura lieu au cimetière X.
On se réunira *à la maison mortuaire (à l'église)*.

Priez pour Lui!
(Ni fleurs ni couronnes.)

Frau Denise Girard
Hauptmann Charles Girard
Herr André Girard
Fräulein Yvonne Girard

erfüllen die schmerzliche Pflicht, Ihnen von dem schweren Verlust Mitteilung zu machen, der sie soeben durch den Tod des

Herrn Jean Girard
Industrieller
Offizier der Ehrenlegion

ihres Gatten und Vaters, betroffen hat. Er ist plötzlich am 17. August 20.., versehen mit den Sakramenten der Kirche, in seinem Heim, rue de la Paix, 33, im 52. Lebensjahr verschieden. Die Angehörigen bitten Sie, dem Gottesdienst, der am 20. August, Punkt 12 Uhr, in der St.-Pauls-Kirche stattfinden wird, beizuwohnen.

Die Beerdigung findet auf dem X-Friedhof statt.
Man wird sich *im Trauerhaus (in der Kirche)* versammeln.

Betet für ihn!
(Es wird gebeten, von Blumen- und Kranzspenden abzusehen.)

Beileidsbezeigung

M. et Mme Louis Martin tiennent à exprimer toute leur sympathie à Monsieur Paul Raymond à l'occasion de la perte cruelle qu'il vient de subir et le prient d'accepter leurs sincères condoléances.

Herr und Frau Martin möchten Herrn Paul Raymond anlässlich des schweren Verlustes, den er erlitten hat, ihr tiefes Mitgefühl aussprechen und bitten ihn, ihr aufrichtiges Beileid entgegenzunehmen.

Dankschreiben der Familie

M. Paul Rivière et sa famille prient tous ceux qui *se sont associés à (ont voulu partager)* leur peine de trouver ici l'expression de leurs sincères remerciements.

Herr Paul Rivière und seine Familie danken allen, die *sich ihrem Kummer angeschlossen haben (ihren Kummer teilen wollen),* von ganzem Herzen.

M. Paul Raymond, ses enfants et petits-enfants vous remercient sincèrement de la sympathie que vous leur avez témoignée dans leur douloureuse épreuve.

Herr Paul Raymond, seine Kinder und Enkelkinder danken Ihnen aufrichtig für die Anteilnahme, die Sie ihnen in ihrem Schmerz entgegengebracht haben.

8. Zeitungsanzeigen

Wohnungssuche

On cherche (On demande à louer) pour le 1er octobre appartement meublé 6 pièces, salle de bains de préférence centre s'adresser au bureau du journal.

Möblierte 6-Zimmer-Wohnung mit Bad, vorzugsweise Zentrum, zum 1. Oktober *(zu mieten) gesucht.* Angebote an die Geschäftsstelle der Zeitung.

Verlobung

M. Léon Ménard et Mme née Gertrude Dujour sont heureux d'annoncer les fiançailles de leur fille Madeleine avec M. René Sabatier.

152, bd … 75012 Paris

Herr Léon Ménard und seine Frau Getrude Ménard geb. Dujour freuen sich, die Verlobung ihrer Tochter Madeleine mit Herrn René Sabatier bekannt zu geben.

152, bd … 75012 Paris

ou

oder

On nous prie d'annoncer les fiançailles de Mlle Madeleine Ménard, fille de M. Léon Ménard et de Mme née Getrude Dujour, avec M. René Sabatier, fils de M. Henri Sabatier et de Mme, née Juliette Werner.

152, bd … 75012 Paris

Wir wurden gebeten, die Verlobung von Frl. Madeleine Ménard, Tochter von Herrn Léon Ménard und Frau Getrude Ménard geb. Dujour, mit Herrn René Sabatier, Sohn von Herrn Henri Sabatier und Frau Juliette Sabatier geb. Werner, anzuzeigen.

152, bd … 75012 Paris

Hochzeit

On nous prie de rappeler que le mariage de Mlle Jeanne Duval avec M. Marcel Dupont aura lieu le 20 août 20.. à l'église Notre-Dame de l'Assomption, 75016 Paris.

Wir werden gebeten, daran zu erinnern, dass die Hochzeit von Frl. Jeanne Duval mit Herrn Marcel Dupont am 20. August 20.. in der Kirche Notre-Dame de l'Assomption, 75016 Paris, stattfinden wird.

Geburt

M. et Mme Charles Guibert sont heureux d'annoncer la naissance de leur fille

Suzanne

Le 8 août 20..

75, rue St Honoré, 75001 Paris

Herr und Frau Charles Guibert sind glücklich, die Geburt ihrer Tochter

Suzanne

bekannt zu geben.

Am 8. August 20..

75, rue St. Honoré, 75001 Paris

M. et Mme Jean Renaud, André, Madeleine et Pierrette, ont la joie d'annoncer la naissance de

Louis

Le 5 mai 20..

Herr und Frau Jean Renaud, André, Madeleine und Pierrette haben die Freude, die Geburt von

Louis

anzuzeigen.

Am 5. Mai 20..

9. Kurzmitteilungen bei E-Mail

Salut, bonjour (à tous).
A bientôt, A+ (à plus tard)
Réponds-moi
Donne-moi de tes nouvelles
J'ai bien reçu ton petit message
    par courrier. Merci!
Voilà mon nouveau numéro de mobile!
J'ai une nouvelle adresse de mèl
J'espère avoir un petit message de
    toi bientôt
Si tu as des nouvelles d'Alain,
    ça m'intéresse.
Je te tiens au courant dès que j'ai
    plus d'informations
N'hésite pas à m'écrire

Hallo! Guten Tag!
Bis bald! Bis später!
Antworte mir
Lass von dir hören!
Deine Nachricht habe ich per Mail
    bekommen. Vielen Dank
Hier ist meine neue Handy-Nummer!
Hier ist meine neue E-Mail Adresse
Ich hoffe, bald von dir zu hören

Wenn du was von Alain gehört hast,
    lass es mich wissen.
Ich halte dich auf dem Laufenden,
    wenn ich Näheres weiß.
Schreib' mir bitte.

D HÄUFIG GEBRAUCHTE WENDUNGEN

Briefbeginn: Dank und Anlass

1. Je te remercie de ta lettre du ... — 2. Merci beaucoup pour ta gentille lettre du ... — 3. Merci pour le joli cadeau que tu m'as envoyé ... — 4. Je sais que tu attends de mes nouvelles ... — 5. Je t'écris pour *te dire que (te demander un service)* ... — 6. Je vous écris pour vous signaler que *j'arriverai en France le 5 juillet (j'ai un nouvel emploi / je me suis marié le mois dernier / je viens de réussir à mon examen).*

1. Ich danke dir für deinen Brief vom ... — 2. Vielen Dank für deinen netten Brief vom ... — Danke für das hübsche Geschenk, das du mir geschickt hast ... — 4. Ich weiß, dass du auf Nachricht von mir wartest ... — 5. Ich schreibe dir, um *dir zu sagen, dass (um dich um einen Gefallen zu bitten)* ... — 6. Ich schreibe Ihnen, um Ihnen mitzuteilen, dass ich *am 5. Juli nach Frankreich kommen werde (eine neue Stellung habe / im vergangenen Monat geheiratet habe / die Prüfung bestanden habe).*

Gesundheit des Empfängers oder seiner Angehörigen

1. Comment vas-tu? — 2. J'espère que tu vas mieux. — 3. J'espère que ce mauvais rhume est passé. — 4. J'espère que ta jambe va mieux. — 5. J'espère que tu te remets rapidement. — 6. Cela m'a fait vraiment de la peine d'apprendre que tu *ne vas pas bien (vas mal / as dû être hospitalisé).* — 7. Comment va ta mère? — 8. Est-ce que ton père va mieux? — 9. Transmets à ta mère mes meilleurs vœux de prompt rétablissement. — 10. Je suis très triste d'apprendre que ton mari *est tombé malade* (a dû être hospitalisé). — 11. J'espère que vous êtes tous en bonne santé. — 12. Je suis (vraiment) très heureux d'apprendre que tu es complètement rétabli.

1. Wie geht es dir? — 2. Ich hoffe sehr, dass es dir besser geht. — 3. Hoffentlich ist diese schreckliche Erkältung vorbei. — 4. Ich hoffe, deinem Bein geht es besser. — 5. Hoffentlich erholst du dich so schnell wie möglich wieder. — 6. Es hat mir wirklich Leid getan zu erfahren, dass *es dir nicht gut geht (es dir schlecht geht / du im Krankenhaus bist).* — 7. Wie geht es deiner Mutter? — 8. Geht es deinem Vater besser? — 9. Bestelle deiner Mutter meine Wünsche für baldige Genesung. — 10. Mit großem Bedauern habe ich erfahren, dass dein Mann *erkrankt ist (ins Krankenhaus gekommen ist).* — 11. Ich hoffe, euch allen geht es gut. — 12. Ich freue mich (wirklich) sehr, dass du dich wieder völlig erholt hast.

Gesundheit des Schreibers oder seiner Angehörigen

1. Je vais bien. — 2. Ma mère va beaucoup mieux. — 3. J'ai un rhume affreux. — 4. Je viens d'attraper une mauvaise grippe. — 5. Je me remets petit à petit de la grippe. — 6. Heureusement Jean s'est débarrassé de son rhume des foins. — 7. Maintenant je vais un peu mieux. — 8. Récemment j'ai eu des problèmes de santé. — 9. Depuis quelque temps je ne me sens pas très bien. — 10. Denis vient d'entrer à l'hôpital, *on doit l'opérer de l'appendicite / il doit subir quelques examens.* — 11. Je viens juste de sortir de l'hôpital. — 12. Je suis encore en convalescence. — 13. Jean a quitté l'hôpital jeudi dernier. — 14. Il se remet lentement de son opération. — 15. La semaine prochaine on va m'enlever le plâtre.

1. Mir geht es gut. — 2. Meiner Mutter geht es viel besser. — 3. Ich habe eine furchtbare Erkältung. — 4. Ich habe mir eine schöne Grippe geholt. — 5. Ich bin langsam von der Grippe genesen. — 6. Zum Glück ist Jean seinen Heuschnupfen los. — 7. Jetzt geht es mir ein wenig besser. — 8. Kürzlich ging es mir nicht gut. — 9. Seit einiger Zeit fühle ich mich nicht wohl. — 10. Denis ist ins Krankenhaus eingeliefert worden, er muss *am Blinddarm operiert werden / einige Untersuchungen machen lassen.* — 11. Ich bin gerade aus dem Krankenhaus gekommen. — 12. Ich befinde mich noch in der Rekonvaleszenz. — 13. Jean ist am vergangenen Donnerstag entlassen worden. — 14. Er erholt sich langsam von seiner Operation. — 15. In der nächsten Woche wird man mir den Gips abnehmen.

Wetter

1. Ici, il fait un temps magnifique. — 2. Cette année, le printemps semble ne pas vouloir arriver. — 3. Ici, il fait très chaud et très lourd. — 4. L'été a été vraiment *magnifique (horrible).* — 5. Ici, c'est la canicule. — 6. Le soleil brille sans arrêt. — 7. Il fait terriblement froid. — 8. Le ciel est toujours couvert et il pleut souvent. — 9. Le ciel est couvert, mais il ne fait pas froid. — 10. L'hiver approche, la neige n'est pas loin. — 11. Cette nuit, il a gelé. — 12. Nous avons eu un automne très pluvieux. — 13. Quel temps fait-il chez vous? — 14. J'espère que vous avez eu du beau temps pendant les vacances. — 15. Est-ce que l'hiver a été rude chez vous? — 16. Est-ce qu'il a fait très chaud cet été en France?

1. Hier ist das Wetter wunderschön. — 2. In diesem Jahr scheint der Frühling nicht kommen zu wollen. — 3. Hier ist es sehr warm, es ist furchtbar schwül. — 4. Der Sommer ist wirklich *wunderbar (scheußlich)* — 5. Es herrscht eine unglaubliche Hitzewelle. — 6. Es scheint immer die Sonne. — 7. Es ist schrecklich kalt. — 8. Es ist immer bewölkt und regnet oft. — 9. Es ist bewölkt, aber nicht kalt. — 10. Der Winter naht, Schnee liegt in der Luft. — 11. Diese Nacht hat es gefroren. — 12. Wir haben einen sehr regnerischen Herbst gehabt. — 13. Was für ein Wetter habt ihr? — 14. Hoffentlich habt ihr im Urlaub schönes Wetter gehabt. — 15. War der Winter bei euch kalt? — 16. War es in diesem Sommer in Frankreich sehr heiß?

Neuigkeiten

1. Quoi de neuf (à raconter)? — 2. Comment ça va? — 3. J'ai souvent pensé à toi et je me demande si ton nouveau travail te plaît. — 4. Cela fait très longtemps que je n'ai plus eu de tes nouvelles, pourquoi ne t'es-tu plus manifesté? — 5. Quoi de neuf chez toi? — 6. Est-ce que ton nouveau travail te plaît? — 7. Est-ce que tu te sens bien à Paris? — 8. Est-ce que les enfants font des progrès à l'école? — 9. Est-ce que tu as des nouvelles de Gisèle (des Martin)? — 10. Ecris-moi si tu as le temps pour me donner de tes nouvelles. — 11. J'ai beaucoup de nouvelles à t'annoncer. — 12. Ecris-moi, je suis curieux de savoir ce qu'il y a de neuf chez vous.

1. Was gibt es Neues (zu erzählen)? — 2. Wie geht es euch denn so? — 3. Ich habe oft an dich gedacht und frage mich, wie es mit deiner neuen Arbeitsstelle aussieht. — 4. Ich habe lange nichts von dir gehört, warum hast du dich nicht mehr gemeldet? — 5. Was gibt es Neues bei dir? — 6. Gefällt dir deine neue Arbeit? — 7. Fühlst du dich in Paris wohl? — 8. Kommen die Kinder in der Schule gut voran? — 9. Hast du etwas von Gisèle (den Martins) gehört? — 10. Schreib mir, wenn du Zeit hast, und lass mich wissen, wie es dir geht. — 11. Ich habe dir eine Menge Neuigkeiten zu berichten. — 12. Schreib mir, ich bin neugierig zu erfahren, was es Neues bei euch gibt.

Geburt

1. Nous vous écrivons pour vous annoncer que nous venons d'avoir un bébé (un fils / une fille) qui est né(e) mardi dernier à la clinique du Bois. — 2. La naissance s'est passée sans problèmes. — 3. A la naissance le bébé (l'enfant) pesait 3.800 g. — 4. Nous l'avons appelé Frédéric (prénommée Marie). — 5. Vous serez certainement très heureux d'apprendre que Carole a accouché d' (a mis au monde) une belle petite fille le 3 mars dernier.

1. Wir schreiben euch, um euch mitzuteilen, dass wir ein Baby (einen Sohn / eine Tochter) bekommen haben, das der / die letzten Dienstag in der Clinique du Bois geboren wurde. — 2. Die Geburt ist gut verlaufen. — 3. Bei der Geburt wog das Baby (das Kind) 3.800 g. — 4. Wir haben ihn Frédéric genannt (ihr den Namen Marie gegeben). — 6. Es wird Sie (euch) sicherlich freuen zu erfahren, dass Carole am 3. März ein hübsches Mädchen geboren (zur Welt gebracht) hat.

Taufe

Frédéric sera baptisé dimanche prochain à 10 heures 30, nous espérons que vous pourrez assister au baptême et venir a la réception qui aura lieu chez nous après la cérémonie.

Frédéric wird nächsten Sonntag um 10.30 Uhr getauft, wir hoffen, dass ihr an der Tauffeier teilnehmen und zum Empfang kommen könnt, den wir gleich danach geben werden.

Verlobung

1. Je viens de me fiancer à Marc Bernard. — 2. Notre fils vient de se fiancer à Juliette Renard, une jeune fille *qu'il a connue à l'université (très sympathique / dont il a fait la connaissance pendant les vacances / une amie d'enfance).* — 3. J'ai la grande joie de vous annoncer mes fiançailles avec Julie Malvert.

1. Ich habe mich mit Marc Bernard verlobt. — 2. Unser Sohn hat sich mit Juliette Renard verlobt, einem *Mädchen, das er an der Universität kennen gelernt hat (sehr sympathischen Mädchen / Mädchen, das er im Urlaub kennen gelernt hat / einer Schulfreundin/Jugendfreundin).* — 3. Hiermit möchte ich euch / Ihnen meine Verlobung mit Julie Malvert bekannt geben.

Hochzeit

1. Notre fils Eric se marie le mois prochain en l'église Sainte-Catherine. — 2. Notre fille Sandrine s'est mariée le mois dernier avec Charles Joli. — 3. Elle est maintenant installée à Paris, voici sa nouvelle adresse: ... — 4. La date de notre mariage est maintenant fixée définitivement le 23 mai, j'espère vraiment que vous pourrez venir. — 5. Dans une quinzaine de jours environ vous allez recevoir les faire-part de mariage.

1. Unser Sohn Eric wird kommenden Monat in der Katharinenkirche getraut. — 2. Unsere Tochter hat vergangenen Monat Charles Joli geheiratet. — 3. Sie ist nach Paris gezogen, ihre neue Adresse ist: ... — 4. Unser Hochzeitsdatum wurde endgültig auf den 23. Mai festgesetzt, ich hoffe wirklich, dass *ihr (Sie)* kommen *könnt (können).* — 5. Ihr werdet in ca. zwei Wochen die Hochzeitsanzeigen bekommen.

Tod

1. J'ai la douleur de vous faire part du décès de Pierre survenu *subitement (après une brève maladie).* — 2. J'ai la grande douleur de vous annoncer le décès de Marie qui s'est éteinte dans la nuit de jeudi. — 3. Les obsèques auront lieu samedi à 15 heures en l'église Saint-François. — 4. J'ai la grande tristesse de t'annoncer que mon oncle est décédé le 14 mars. — 5. La seule consolation, c'est qu'il *n'a pas beaucoup souffert (n'a pas souffert longtemps / a eu une mort paisible).* — 6. Pour lui cela a été une délivrance de ses souffrances.

1. Ich muss *euch (Ihnen)* die traurige Mitteilung machen, dass Pierre *plötzlich und unerwartet (nach kurzer Krankheit)* verstorben ist. — 2. In tiefer Trauer gebe ich *euch (Ihnen)* den Tod von Marie bekannt, die Donnerstagnacht verstorben ist. — 3. Die Beerdigung wird am Samstag um 15 Uhr in der Franziskus-Kirche stattfinden. — 4. Leider muss ich dir mitteilen, dass mein Onkel am 14. März entschlafen ist. — 5. Der einzige Trost ist, dass er *nicht zu sehr leiden musste (nicht lange gelitten hat / einen friedlichen Tod hatte).* — 6. Für ihn war es eine Erlösung von seinen Leiden.

Prüfung

1. Le mois prochain, je passe mon examen. — 2. Je pense pouvoir remettre ma thèse avant le mois de juin. — 3. La soutenance aura lieu au mois de septembre. — 4. Je me prépare actuellement à passer l'examen de physique. — 5. Le mois dernier, j'ai passé l'examen de chimie et j'ai eu une bonne note. — 6. Les résultats de l'examen écrit seront communiqués à la fin du mois. — 7. *Je n'ai malheureusement pas été reçu (J'ai malheureusement échoué)* à mon examen d'histoire. — 8. Je vais repasser l'examen au mois de septembre, j'espère alors réussir. — 9. Je ne pourrai passer l'oral qu'après avoir réussi à l'écrit. — 10. J'ai été reçu à tous mes examens et je prépare maintenant le doctorat.

1. Im nächsten Monat habe ich meine Prüfung. — 2. Ich denke, die Doktorarbeit bis Juni abgeben zu können. — 3. Die Doktorprüfung wird im September stattfinden. — 4. Ich bereite mich gerade auf die Physikprüfung vor. — 5. Im vergangenen Monat habe ich die Chemieprüfung abgelegt und eine gute Note bekommen. — 6. Die Ergebnisse der schriftlichen Prüfung werden Ende des Monats bekannt gegeben. — 7. Leider *habe ich die Geschichtsprüfung nicht bestanden (bin ich in Geschichte durchgefallen)*. — 8. Ich werde die Prüfung im September wiederholen; ich hoffe, es dann zu schaffen. — 9. Ich werde das Mündliche nur dann ablegen können, wenn ich das Schriftliche bestanden habe. — 10. Ich habe alle Prüfungen bestanden und bereite mich jetzt auf die Promotion vor.

Glückwünsche zur Geburt

1. Nous avons été très heureux d'apprendre la nouvelle de la naissance de Michel. — 2. C'est avec une grande joie que nous avons appris la nouvelle de la naissance de Désirée. — 3. Félicitations pour la naissance du bébé. — 4. Toutes nos félicitations les plus sincères pour la naissance de Nathalie.

1. Die Nachricht von Michels Geburt hat uns sehr gefreut. — 2. Mit großer Freude haben wir von Désirées Geburt erfahren. — 3. Glückwünsche zur Geburt des Babys. — 4. Allerherzlichste Glückwünsche zur Geburt von Nathalie.

Glückwünsche zur Verlobung

1. Nous avons été très heureux d'apprendre la nouvelle de vos fiançailles. Nous vous envoyons toutes nos félicitations. — 2. Nos sincères félicitations à l'occasion de tes fiançailles. — 3. Je t'adresse tous mes vœux de bonheur à l'occasion de tes fiançailles.

1. Über die Nachricht von *eurer (Ihrer)* Verlobung haben wir uns sehr gefreut. Wir wünschen *euch (Ihnen)* alles Gute. — 2. Herzliche Glückwünsche zu deiner Verlobung. — 3. Anlässlich deiner Verlobung wünsche ich dir viel Glück.

Glückwünsche zur Hochzeit

1. Je vous envoie toutes mes félicitations à l'occasion de votre mariage. — 2. La nouvelle de votre mariage m'a fait très plaisir. Je vous envoie tous mes vœux de bonheur. — 3. Recevez tous les deux mes sincères félicitations. — 4. Toutes mes félicitations à l'occasion de ton mariage, je vous souhaite à tous les deux tout le bonheur possible pour votre vie commune.

1. Ich wünsche *euch (Ihnen)* viel Glück zu *eurer (Ihrer)* Hochzeit. — 2. Die Nachricht von *eurer (Ihrer)* Hochzeit hat mich wirklich erfreut, ich wünsche *euch (Ihnen)* alles Gute für die Zukunft. — 3. Dir und deinem Mann viele Glückwünsche. — 4. Viele herzliche Glückwünsche zu deiner Hochzeit; Dir und deiner zukünftigen Frau wünsche ich ein langes und glückliches gemeinsames Leben.

Glückwünsche zum Geburtstag

1. Toutes mes félicitations à l'occasion de ton anniversaire. — 2. Tous mes vœux de bonheur et de longue vie pour ton anniversaire.

1. Herzliche Glückwünsche zum Geburtstag. — 2. Alles Gute zum Geburtstag und noch viele glückliche Jahre!

Glückwünsche zur neuen Stellung

1. Toutes mes félicitations pour ton nouvel emploi. — 2. J'ai été très heureux d'apprendre la nouvelle de ta promotion chez Michelin. — 3. Je viens d'apprendre ta nomination comme directeur, toutes mes félicitations! — 4. Je te souhaite beaucoup de succès dans tes nouvelles responsabilités. — 5. Toutes mes félicitations à l'occasion de votre nomination au poste de directeur!

1. Meine Glückwünsche zu deiner neuen Arbeitsstelle! — 2. Es hat mich sehr gefreut zu hören, dass du jetzt leitender Angestellter bei Michelin geworden bist. — 3. Ich habe von deiner Beförderung zum stellvertretenden Direktor gehört, ich gratuliere! — 4. Ich wünsche dir viel Erfolg zu deiner neuen Stellung. — 5. Meine Glückwünsche zu Ihrer Ernennung zum Direktor!

Beileid, Anteilnahme

1. C'est avec une grande douleur que j'ai appris la nouvelle du décès de ton père. Crois bien qu'en cet instant je suis très près de toi pour partager ta tristesse. — 2. C'est avec une grande douleur que je viens d'apprendre la nouvelle du

1. Mit großem Schmerz habe ich die Nachricht vom Tod deines Vaters vernommen. Ich bin dir in diesem Augenblick des Schmerzes sehr nah. — 2. Mit tiefer Trauer habe ich die Nachricht von Brigittes Tod erhalten; in diesem

décès de Brigitte. Dans ces moments difficiles, je te prie d'accepter toute ma sympathie attristée. — 3. La nouvelle du décès de Patrick m'a beaucoup affecté, je suis de tout cœur à tes côtés dans ces moments difficiles.

schmerzlichen Augenblick möchte ich dir mein ganzes Mitgefühl ausdrücken. — 3. Ich bin tief betroffen über die Nachricht von Patricks Tod. Von ganzem Herzen fühle ich mit dir in diesem schmerzlichen Augenblick.

Einladungen zu verschiedenen Gelegenheiten

1. Vous nous feriez une grande joie si vous pouviez être des nôtres samedi prochain pour le dîner. — 2. Je t'invite très cordialement à la fête que nous donnons dimanche prochain. — 3. Nous serions très heureux si vous pouviez passer la fin de semaine prochaine en notre compagnie. — 4. Je suis très heureuse de vous inviter dimanche prochain à 13 heures pour le déjeuner. Nous serons quelques amis et nous espérons vivement que vous pourrez être des nôtres. — 5. Nous avons l'intention d'aller voir «Rigoletto» à l'opéra jeudi prochain, que diriez-vous de nous y accompagner? — 6. Samedi prochain, nous donnons une petite fête, nous serions vraiment très heureux si Michel et toi pouviez venir. — 7. Cela te ferait-il plaisir de venir prendre l'apéritif à la maison dimanche prochain? — 8. Si vous pouvez venir, il n'est pas nécessaire de répondre, nous vous attendons vers midi. — 9. Nous aimerions vous inviter à dîner, est-ce que vous êtes libres samedi prochain? — 10. Avez-vous quelques jours de libre le mois prochain? Nous serions tellement contents de vous revoir. — 11. Si vous passez dans la région, n'hésitez pas à nous rendre visite, nous n'avons aucun problème pour vous héberger. — 12. J'espère que tu me rendras visite quand tu seras en Allemagne.

1. Es würde uns wirklich Freude bereiten, *euch (Sie)* nächsten Samstag zum Abendessen bei uns zu haben. — 2. Ich lade dich hiermit herzlich zu dem Fest ein, das wir Sonntag geben werden. — 3. Wir würden uns wirklich freuen, wenn ihr am nächsten Wochenende zu uns kommen könntet. — 4. Ich freue mich, *euch (Sie)* für nächsten Sonntag, 13 Uhr, zum Essen einzuladen. Es werden einige unserer Freunde da sein, und wir hoffen sehr, dass *ihr (Sie)* auch kommen *könnt (können)*. — 5. Nächsten Donnerstag wollen wir in die Oper gehen, um «Rigoletto» zu sehen; falls ihr auch interessiert seid / falls Sie auch interessiert sind, was *hieltet ihr (hielten Sie)* davon, gemeinsam hinzugehen? — 6. Nächsten Samstag geben wir bei uns ein kleines Fest und es würde uns wirklich freuen, wenn du und Michel auch kommen könntet. — 7. Hättest du Lust, am Sonntag auf einen Aperitif zu uns zu kommen? — 8. Wenn ihr kommen könnt, braucht ihr uns nicht Bescheid zu sagen, wir erwarten euch gegen 12 Uhr. — 9. Wir möchten euch zum Abendessen zu uns einladen, seid ihr nächsten Samstag frei? — 10. Habt ihr im nächsten Monat ein paar freie Tage? Wir würden uns so freuen euch wieder zu sehen! — 11. Wenn ihr mal in unsere Gegend kommt, besucht uns doch, ihr könnt gern bei uns übernachten. — 12. Ich hoffe, dass du mich besuchen wirst, wenn du nach Deutschland kommst.

Annahme einer Einladung

1. Je suis très heureux d'accepter votre gentille invitation à déjeuner le 12 avril. — 2. Je vous remercie de votre aimable invitation à laquelle nous aurons grand plaisir à nous rendre. — 3. C'est avec une grande joie que j'accepte votre invitation. — 4. Ce sera pour moi une joie de me rendre à votre fête. — 5. Nous aurons grand plaisir à nous rendre à l'opéra en votre compagnie, merci de l'invitation. — 6. Ce sera pour moi une joie de me rendre à la réception que vous donnez. — 7. Merci de m'inviter à venir passer la fin de semaine chez vous, je viendrai avec plaisir. — 8. Nous ne manquerons pas de venir vous rendre une petite visite à Montpellier. — 9. Quand nous passerons dans votre région, nous ne manquerons pas de venir vous rendre visite. — 10. J'espère que nous aurons la chance de venir vous rendre visite quand nous serons en Provence.

1. Ich bin sehr erfreut über Ihre liebenswürdige Einladung zum Mittagessen am 12. April und nehme sie gern an. — 2. Ich danke Ihnen für Ihre liebenswürdige Einladung; wir werden mit Vergnügen kommen. — 3. Mit großer Freude nehme ich Ihre Einladung an. — 4. Ich komme wirklich gern zu Ihrem Fest. — 5. Es würde uns sehr freuen, mit *euch (Ihnen)* in die Oper zu gehen, danke für die Einladung! — 6. Ich werde gern zu *eurem (Ihrem)* Empfang kommen. — 7. Danke, dass ihr mich zum Wochenende eingeladen habt, ich werde sehr gern kommen. — 8. Wir werden euch sicher in Montpellier besuchen kommen. — 9. Wenn wir in eurer Gegend sind, werden wir bestimmt auf einen Sprung zu euch kommen. — 10. Ich hoffe, es wird uns möglich sein euch zu besuchen, wenn wir in der Provence sind.

Ablehnung, Absage

1. Tous nos remerciements pour votre invitation à dîner. — 2. Je vous remercie très sincèrement de votre invitation. — 3. Malheureusement, je ne pourrai pas venir, étant retenu par d'autres engagements. — 4. Je regrette beaucoup, mais je suis dans l'impossibilité de venir. — 5. Je suis dans l'obligation d'entreprendre un voyage d'affaires juste au même moment. — 6. J'ai bien peur de ne pas pouvoir venir, parce que je ne sais pas encore quand je vais rentrer de Hambourg. — 7. Nous aurions tant aimé passer cette fin de semaine en votre compagnie. Malheureusement, notre voiture

1. Herzlichen Dank für die Einladung zum Abendessen. — 2. Ich danke *euch (Ihnen)* ganz herzlich für die Einladung. — 3. Leider werde ich nicht kommen können, weil ich für diesen Abend schon etwas vorhabe. — 4. Es tut mir sehr Leid, aber ich kann unmöglich kommen. — 5. Genau zu diesem Zeitpunkt muss ich eine Geschäftsreise unternehmen. — 6. Ich fürchte, nicht kommen zu können, weil ich noch nicht weiß, wann ich von Hamburg zurückkommen werde. — 7. Wir wären so gern gekommen, um das Wochenende mit euch zusammen zu verbringen, aber leider geht es nicht,

étant tombée en panne, nous sommes dans l'impossibilité de venir. — 8. Les enfants ayant les oreillons, nous sommes dans l'obligation de rester à la maison. — 9. Nous regrettons de ne pouvoir venir, nous aurions eu tant de plaisir à vous revoir. — 10. Malheureusement, j'ai la grippe et je dois rester au lit encore quelques jours.

weil unser Auto kaputt gegangen ist. — 8. Die Kinder haben Mumps, und darum können wir das Haus nicht verlassen. — 9. Es tut uns so Leid, dass wir nicht kommen können, es wäre wirklich schön gewesen euch wieder zu sehen. — 10. Leider habe ich Grippe und muss noch einige Tage im Bett bleiben.

Dank für Gastfreundschaft

1. Nous vous remercions de tout cœur pour la merveilleuse soirée que nous avons passée chez vous. — 2. Tous nos remerciements pour l'agréable fin de semaine que nous avons passée en votre compagnie. — 3. Nous nous sommes bien amusés. — 4. Cela nous a fait tellement de bien de passer un moment avec vous. — 5. Cela a été très gentil de votre part de nous accompagner dans notre visite de la ville. — 6. Je t'écris pour te remercier du fond du cœur de ta chaleureuse hospitalité.

1. Wir danken *euch (Ihnen)* sehr herzlich für den wunderschönen Abend, den wir bei *euch (Ihnen)* verbracht haben. — 2. Wir danken *euch (Ihnen)* nochmals für das schöne Wochenende, das wir bei *euch (Ihnen)* verbracht haben. — 3. Wir haben uns prächtig amüsiert. — 4. Es war so schön, mit *euch (Ihnen)* zusammen zu sein. — 5. Es war sehr nett von *euch (Ihnen)*, uns auf dem Rundgang durch die Stadt zu begleiten. — 6. Ich schreibe dir, um dir von ganzem Herzen für deine überwältigende Gastfreundschaft zu danken.

Geschenke

1. J'espère que le petit cadeau que je t'envoie te fera plaisir. — 2. A Bernard, joyeux anniversaire! — 3. A l'occasion de ton anniversaire, je t'envoie une petite chose qui, je l'espère, te fera plaisir. — 4. Acceptez ce petit cadeau avec notre cordial souvenir. — 5. J'avais l'intention de te faire un cadeau, mais ne sachant pas ce qui te ferait plaisir, j'ai décidé de t'envoyer un chèque, tu pourras ainsi t'acheter ce qui te plaît.

1. Hoffentlich gefällt dir das kleine Geschenk, das ich dir schicke. — 2. Für Bernard, mit den besten Wünschen zum Geburtstag! — 3. Zu deinem Geburtstag habe ich dir eine kleine Aufmerksamkeit geschickt, die dir hoffentlich gefällt. — 4. Nehmen Sie diese Aufmerksamkeit mit unseren herzlichsten Grüßen entgegen. — 5. Ich wollte dir ein Geschenk machen, wusste aber nicht genau, was du gern hättest; ich habe also beschlossen, dir einen Scheck zu schicken, dann kannst du das kaufen, was dir gefällt.

Dank für Geschenke

1. Merci beaucoup de ce magnifique cadeau. — 2. C'est vraiment très gentil à toi de m'offrir un stylo pour mon anniversaire. — 3. Merci pour les magnifiques fleurs que tu m'as offertes. — 4. Je vous écris pour vous remercier du splendide vase que vous m'avez offert.

1. Herzlichen Dank für das schöne Geschenk. — 2. Es war wirklich sehr nett von dir, mir zum Geburtstag einen Füller zu schenken. — 3. Danke für die herrlichen Blumen, die du mir geschickt hast. — 4. Ich schreibe Ihnen, um mich für die prachtvolle Vase zu bedanken, die Sie mir geschickt haben.

Ausleihen von Gegenständen

1. J'ai un grand service à te demander: pourrais-tu me prêter quelque temps ta machine à écrire? — 2. J'aimerais vous demander un grand service: pourriez-vous me prêter votre bateau pendant une semaine? — 3. J'ai malheureusement dû laisser le mien en réparation. — 4. Naturellement *j'en prendrai le plus grand soin (je prendrai toutes les précautions nécessaires).* — 5. Si cela vous pose problème, n'hésitez pas à me le dire. — 6. J'espère que ce n'est pas abuser de votre gentillesse.

1. Ich möchte dich um einen großen Gefallen bitten: Könntest du mir deine Schreibmaschine für einige Zeit leihen? — 2. Ich möchte Sie um einen großen Gefallen bitten: Könnten Sie mir für eine Woche Ihr Boot ausleihen? — 3. Meines habe ich leider zur Reparatur bringen müssen. — 4. Natürlich werde ich *es äußerst sorgfältig behandeln (besonders pfleglich damit umgehen).* — 5. Falls es ein Problem sein sollte, sagen Sie es mir ohne Umschweife. — 6. Ich hoffe, nicht zu viel von Ihnen zu verlangen.

Zusage, Absage

1. Bien sûr, je peux mettre ma machine à écrire à ta disposition, je n'en ai pas besoin actuellement. — 2. J'ai la joie de vous dire que vous pourrez utiliser mon voilier même pendant un mois. Etant absent au mois d'août, je ne pourrai pas m'en servir. C'est avec plaisir que je le mets à votre disposition. — 3. C'est avec plaisir que je vous prête mon vélo, je sais qu'il sera en bonnes mains. — 4. Quand voulez-vous venir le chercher? — 5. Malheureusement, je ne peux vous être d'aucune aide: mon bateau n'est pas

1. Natürlich kann ich dir meine Schreibmaschine ausleihen, ich brauche sie momentan nicht. — 2. Ich freue mich Ihnen mitzuteilen, dass Sie mein Segelboot auch für einen Monat benutzen können. Im August werde ich es nicht brauchen, weil ich nicht da sein werde; also steht es Ihnen zur Verfügung. — 3. Ich leihe Ihnen sehr gern mein Fahrrad, ich weiß, dass es in guten Händen sein wird. — 4. Wann wollen Sie es abholen kommen? — 5. Leider kann ich Ihnen nicht helfen; mein Boot ist auch nicht in Ordnung, also möchte

en très bon état, je ne le confie donc à personne. — 6. Je regrette beaucoup, mais actuellement je ne peux pas me passer de ma machine à écrire.

ich es niemand anderem anvertrauen. — 6. Es tut mir sehr Leid, aber im Moment kann ich meine Schreibmaschine nicht entbehren.

Dank für Ausleihen von Gegenständen

1. Je vous rapporterai votre vélo la semaine prochaine. Je vous remercie sincèrement de me l'avoir prêté. — 2. Cela m'a bien rendu service. — 3. Est-ce que cela vous convient si je vous le rapporte mardi après-midi? — 4. C'était très généreux de votre part de m'avoir prêté votre bateau. — 5. Le livre que vous m'avez prêté m'a été d'une grande utilité.

1. Ich werde Ihnen das Fahrrad nächste Woche zurückbringen, Ich danke Ihnen wirklich, dass Sie es mir geliehen haben. — 2. Es war mir sehr nützlich. — 3. Passt es Ihnen, wenn ich es Dienstagnachmittag zurückbringe? — 4. Es war wirklich großzügig von Ihnen, mir das Boot zu leihen. — 5. Das Buch, das Sie mir ausgeliehen haben, war mir von großem Nutzen.

Entschuldigung

1. Excusez-moi de ne pas avoir répondu plus tôt à votre lettre. — 2. Je voudrais m'excuser de ne pas vous avoir répondu plus tôt. — 3. Excusez, je vous prie, le retard avec lequel je vous réponds. — 4. Je vous renouvelle mes excuses de ne pas avoir pu aller au rendez-vous. — 5. Mon fils est tombé malade et je n'ai vraiment pas eu le temps de te prévenir plus tôt. — 6. J'ai été victime d'un petit accident; quand je suis arrivé, vous n'étiez déjà plus là. — 7. Je dois vous avouer, à ma grande honte, que j'ai complètement oublié le rendez-vous. — 8. Je vous demande d'accepter toutes mes excuses et de me pardonner.

1. Entschuldigen Sie, dass ich Ihren Brief nicht früher beantwortet habe. — 2. Ich möchte mich entschuldigen, dass ich Ihnen nicht eher geantwortet habe. — 3. Bitte entschuldigen Sie die Verspätung, mit der ich Ihnen schreibe. — 4. Ich entschuldige mich nochmals, dass ich nicht zur Verabredung gekommen bin. — 5. Mein Sohn ist erkrankt, und ich habe wirklich keine Zeit gefunden, dich früher zu benachrichtigen. — 6. Ich hatte einen kleinen Autounfall; als ich ankam, waren Sie schon nicht mehr da. — 7. Ich muss zu meiner Schande gestehen, dass ich die Verabredung völlig vergessen habe. — 8. Ich bitte Sie vielmals um Entschuldigung und hoffe, dass Sie mir verzeihen.

Antwort darauf

1. Je regrette beaucoup de ne pas avoir pu vous rencontrer hier, mais je comprends la situation. Cela peut arriver à tout le monde. — 2. Nous devons convenir d'un autre rendez-vous en espérant que tout ira bien la prochaine fois. — 3. Je suis vraiment désolé de la maladie de ton fils, j'espère que nous pourrons nous voir dès qu'il sera rétabli. — 4. Ne vous faites pas de soucis pour hier. Ce n'est pas si grave que cela. — 5. Cela me fait plaisir de voir que je ne suis pas le seul à oublier quelque chose!

1. Ich bedauere, dass ich Sie gestern nicht habe treffen können, aber ich verstehe die Situation. Das kann jedem passieren. — 2. Wir müssen uns erneut verabreden; hoffen wir, dass es nächstes Mal klappt. — 3. Es tut mir Leid, dass es deinem Sohn schlecht geht; ich hoffe, dass wir uns treffen können, sobald er wieder gesund ist. — 4. Machen Sie sich keine Sorgen wegen gestern, es ist doch nicht so schlimm. — 5. Es freut mich festzustellen, dass ich nicht der Einzige bin, der etwas vergisst.

Grüße von Dritten

1. Marc vous envoie son meilleur souvenir. — 2. Meilleur souvenir également de la part de Marc. — 3. Ma mère se joint à moi pour vous adresser ses meilleures salutations. — 4. Fabienne vous envoie son bon souvenir. — 5. Ma femme me charge de vous transmettre son bon souvenir. — 6. Robert et moi vous souhaitons beaucoup de bonheur. — 7. Avec un souvenir tout particulier de Jean. — 8. Nous vous embrassons tous.

1. Marc lässt euch vielmals grüßen. — 2. Viele Grüße auch von Marc. — 3. Meine Mutter schließt sich meinen Grüßen an. — 4. Fabienne sendet euch beste Grüße. — 5. Meine Frau bittet mich, *euch (Sie)* zu grüßen. — 6. Robert und ich wünschen *euch (Ihnen)* alles Gute. — 7. Einen besonders herzlichen Gruß von Jean. — 8. Eine Umarmung von uns allen.

Grüße an Dritte

1. Meilleur souvenir de ma part à Laure. — 2. Je vous prie de transmettre mon meilleur souvenir à Monsieur Durand. — 3. Transmets mes meilleures salutations à ton père. — 4. Salue bien Jean de ma part. — 5. Transmettez mon meilleur souvenir à votre mari. — 6. Meilleur souvenir également à Fabienne. — 7. Salue Patrick très cordialement de ma part. — 8. Un bonjour tout spécial à Louis.

1. Viele liebe Grüße von mir an Laure. — 2. Ich bitte Sie, Herrn Durand die besten Grüße von mir zu übermitteln. — 3. Einen herzlichen Gruß an deinen Vater. — 4. Grüße bitte Jean von mir. — 5. Richten Sie Ihrem Gatten meine Grüße aus. — 6. Einen lieben Gruß auch an Fabienne. — 7. Grüß mir Patrick sehr herzlich. — 8. Einen ganz besonderen Gruß an Louis.

E ANHANG

Silbentrennung

Die Trennung eines Wortes am Zeilenende erfolgt im Französischen nach Sprechsilben. Dabei gelten folgende Regeln:

1. Mehrere aufeinander folgende Vokale bleiben ungetrennt: *la prière, la poésie, le cinquième;* demnach sind untrennbar: *pays, tuer, bien* usw.

2. Ein einzelner Vokal am Wortanfang kann nicht abgetrennt werden: *état, abré-ger, oser.* Ausnahme: Nach Elision ist Trennung möglich *(qu'a-vec).*

3. Nach dem Apostroph darf nicht getrennt werden: *au-jour-d'hui, puis-qu'il.*

4. Ein einfacher Konsonant zwischen zwei Vokalen bildet den Anfang der folgenden Silbe; dabei gelten alle Konsonanten, die ein h nach sich haben, als einfach: *la rei-ne, le pa-ra-pluie, l'a-pos-tro-phe, la si-lhouet-te, Fai-dher-be* (aber *mal-heur).*

5. x darf nur vor Konsonanten abgetrennt werden: *l'ex-pres-sion, une ex-cur-sion;* nicht trennbar: x zwischen zwei Vokalen *(le Saxon* usw.).

6. Von zwei (auch Doppel-)Konsonanten zwischen zwei Vokalen bildet der zweite den Anfang der folgenden Silbe: *le dic-tion-nai-re, la vic-toi-re; al-ler, l'o-reil-le, des-cen-dre, jus-que.*

   Ausnahmen: gn, ch, ph, th sowie l und r mit vorausgehendem b, c, d, f, g, p, t oder v bleiben stets ungetrennt: *bai-gner, monta-gnard; le ta-bleau, qua-tre, ap-pli-quer, vi-vre.*

7. Stehen mehr als zwei Konsonanten zusammen, so kommt nur der letzte zur folgenden Silbe (auch hierbei gelten die Ausnahmen unter 6.): *le sculp-teur, obs-cur;* aber *le por-trait, mor-dre.*

Zeichensetzung

Der Gebrauch der Satzzeichen stimmt im Französischen mit dem Deutschen weitgehend überein. Starke Abweichungen aber bestehen im Gebrauch des Kommas *(la virgule),* das im Französischen als Zeichen der Pause gebraucht wird. Daher steht nie ein Komma vor *que-*(dass-)Sätzen: *je sais qu'il part* ich weiß, dass er abreist. Auch vor Nebensätzen mit *si* ob steht kein Komma: *je ne sais pas s'il peut venir* ich weiß nicht, ob er kommen kann. Allgemein steht vor Konjunktionen selten ein Komma. Vor Relativsätzen steht kein Komma, wenn sie determinativ, d. h. zum Verständnis des Hauptsatzes notwendig, sind: *j'ai vu l'homme qui a perdu ce livre* ich habe den

Mann gesehen, der dieses Buch verloren hat. Entsprechend darf auch kein Komma gesetzt werden in *celui qui* derjenige, welcher.

Da aber, wo im Französischen adverbiale Bestimmungen einen Satz einleiten oder in einen Satz eingeschaltet sind, werden sie gern durch ein Komma, als ein Zeichen der Pause, abgetrennt: *Hier soir, je l'ai vu* gestern Abend habe ich ihn gesehen.

Vor «etc.» steht im Französischen ein Komma *(Paris, Londres, Berlin, etc.).*

Französische Postleitzahlen

47000	Agen	06400	Cannes
13100	Aix-en-Provence	11000	Carcassonne
20000	Ajaccio	97300	Cayenne (Guyane Française)
81000	Albi	95000	Cergy
61000	Alençon	51000	Châlons s/Marne
80000	Amiens	71100	Châlons s/Saône
49000	Angers	73000	Chambéry
16000	Angoulême	74400	Chamonix
74000	Annecy	08000	Charleville-Mézières
06600	Antibes	28000	Chartres
62000	Arras	36000	Châteauroux
32000	Auch	52000	Chaumont
15000	Aurillac	50100	Cherbourg
89000	Auxerre	63000	Clermont-Ferrand
84000	Avignon	16100	Cognac
55000	Bar-le-Duc	68000	Colmar
97100	Basse Terre	60200	Compiègne
	(Guadeloupe)	94000	Créteil
20200	Bastia	14800	Deauville
64100	Bayonne	76200	Dieppe
60000	Beauvais	04000	Digne
90000	Belfort	21000	Dijon
25000	Besançon	39100	Dôle
41000	Blois	59500	Douai
93000	Bobigny	83000	Draguignan
33000	Bordeaux	28100	Dreux
92100	Boulogne-Billancourt	59140	Dunkerque
62200	Boulogne s/Mer	51200	Epernay
01000	Bourg en Bresse	88000	Epinal
18000	Bourges	91150	Etampes
29200	Brest	27000	Evreux
14000	Caen	91000	Evry
46000	Cahors	42700	Firminy
62100	Calais	09000	Foix
59400	Cambrai	77300	Fontainebleau

97200	Fort de France (Martinique)	45000	Orléans
05000	Gap	94390	Orly
38000	Grenoble	75000	Paris
23000	Guéret	64000	Pau
94200	Ivry s / Seine	24000	Périgueux
02000	Laon	66000	Perpignan
93210	La Plaine St Denis	78300	Poissy
85000	La Roche sur Yon	86000	Poitiers
17000	La Rochelle	07000	Privas
53000	Laval	29000	Quimper
76600	Le Havre	51100	Reims
72000	Le Mans	35000	Rennes
43000	Le Puy	42300	Roanne
59000	Lille	17300	Rochefort
87000	Limoges	12000	Rodez
14100	Lisieux	76000	Rouen
39000	Lons le Saunier	49400	Saumur
65100	Lourdes	60300	Senlis
69000	Lyon	22000	St Brieuc
71000	Mâcon	97400	St Denis (Réunion)
13000	Marseille	51200	St Dizier
59600	Maubeuge	42000	St Etienne
77000	Melun	50000	St Lô
48000	Mende	35400	St Malo
06500	Menton	44600	St Nazaire
57000	Metz	97500	St Pierre (Saint-Pierre
12100	Millau		et Miquelon)
25200	Montbéliard	02100	St Quentin
40000	Mont de Marsan	67000	Strasbourg
82000	Montauban	65000	Tarbes
26200	Montélimar	57100	Thionville
03100	Montluçon	83100	Toulon
34000	Montpellier	31000	Toulouse
03000	Moulins	37000	Tours
68100	Mulhouse	10000	Troyes
54000	Nancy	19000	Tulle
92000	Nanterre	26000	Valence
44000	Nantes	56000	Vannes
11100	Narbonne	55100	Verdun
92200	Neuilly s / Seine	78000	Versailles
58000	Nevers	70000	Vesoul
06000	Nice	89450	Vézelay
30000	Nîmes	38200	Vienne
79000	Niort	32420	Villefranche

Wichtige Abkürzungen

AR	*accusé de réception*	Empfangsbestätigung
arr.	*arrondissement*	Kreis, Stadtbezirk
Attn de	*A l'attention de*	zu Händen von
a/s	*aux soins de*	zu Händen von
av.	*avenue*	Allee
bd.	*boulevard*	Boulevard
B.P.	*boîte postale*	Postfach
C.C.P.	*compte courant postal,*	Postgirokonto
	compte chèque postal	
CEDEX	*Courrier d'Entreprise à*	Sonderzustellung für
	Distribution Exceptionnelle	Firma …
cf.	*conférez*	s. (siehe), vgl. (vergleiche)
C.R.P.	*Coupon Réponse Postal*	Antwortschein
C.S.M.	*Câble Sous-Marin*	Überseeleitung
C.V.	*curriculum vitae*	Lebenslauf
Dépt.	*Département*	Regierungsbezirk
D.I.	*destinataire inconnu*	Empfänger unbekannt
F	*Franc*	Franken
h	*heure*	Stunde
HT	*Hors taxes*	gebührenfrei
i.e.	*id est (c'est-à-dire)*	d. h. (das heißt)
LR	*Lettre recommandée*	Einschreibebrief
M.	*Monsieur*	Herr
M^e	*Maître*	Magister (Anrede für einen Rechtsanwalt)
Mlle	*Mademoiselle*	Fräulein
MM.	*Messieurs*	Herren
Mme	*Madame*	Frau
N^o	*numéro*	Nummer
P.J.	*Pièce jointe*	Anlage
PR	*Poste restante*	Postlagernd
P.S.	*post scriptum*	Nachschrift
PTT	*Postes et Télécommunications*	Post- und Fernmeldewesen
RIB	*relevé d'identité bancaire*	Bankverbindung
R.S.V.P.	*Répondez s'il vous plaît*	um Antwort wird gebeten
S.N.C.F.	*Société Nationale des Chemins de fer Français*	Französische Staatsbahnen
s.v.p.	*s'il vous plaît*	bitte
TTC	*Toutes Taxes Comprises*	inklusive aller Gebühren
tél.	*téléphone*	Telefon
T.S.V.P.	*tourner s'il vous plaît*	bitte wenden
TVA	*Taxe sur la Valeur Ajoutée*	MWSt (Mehrwertsteuer)

F REGISTER